悩みが消える
「勇気」の心理学
アドラー超入門

永藤かおる 著
岩井俊憲 監修

Discover

はじめに

「変わりたい」「幸せになりたい」と願うすべての人に

「なぜか職場で疎外感を感じてしまう」

「心から打ち解けて話せる友人がいない」

「人と一緒にいるときに心から笑うことがない」

など、対人関係に悩んではいないでしょうか。


実は、かつての私もそうでした。

忙しさのあまり生きがいを感じていた仕事に疲れはて、職場の人間関係もこじらせて上司や同僚と対立し、毎日イライラ、不機嫌の繰り返し。

しまいには、

「どうしてこんな人間になってしまったのだろう」

「なにもかも面倒くさい。すべて放り出したい」

と思ってしまうまで追い込まれていきました。

そんな私が暗闇から抜け出せるきっかけになったのが、アドラー心理学との出会いです。

私の部屋の本棚には、数年前に当時の勤務先で開催された研修で配布されたアドラー心理学の本がありました。たまたま目についた本をめくっていくうち、自分の凝り固まった心、考え方が少しずつ解きほぐされていくような感覚を覚えました。

これが契機になり、東京・神楽坂で開催されている、「アドラー心理学ベーシックコース」の扉を叩いたのです。

そこで出会ったのが、日本におけるアドラー心理学の第一人者であり、後に私の恩師となる岩井俊憲先生でした。

・感情はコントロールできる
・人間は自分の行動を自分で決められる
・失敗を悪だと決めつけているのは自分自身
・人間の悩みはすべて対人関係である
・みんなに嫌われているというのは思い込みにすぎない

私が学んだことは、それまでの価値観を揺るがすものでした。しかし、それは心地よい変化だったのです。

アドラー心理学についての理解を深めるたびに「自分は勇気がくじかれていた」ことに気づき、アドラー心理学を生活の中で実践していくたびに「勇気づけ」ができるようになっていきました。

こうして少しずつ、精神的に回復し、また人生に向き合うことができるようになっていきます。そして、

「こんなにすばらしいアドラー心理学を伝える立場になりたい！」

「悩んでいる人のためになりたい！」

と、心理カウンセラーになったのです。

本書は、師である岩井俊憲と私がこれまで記した著書から、特に**初めてアドラー心理学にふれる人に向けて、そのエッセンスを平易な文章と図解でまとめたもの**です。いわば**アドラー心理学のベスト版**。アドラー心理学のすばらしさが伝わり、あなたの人生が好転するきっかけになる本だと信じて書き下ろしました。

アドラーの教えを実践し、幸せを感じられる人生を歩まれることを心からお祈りします。では、その一歩を一緒に踏み出しましょう。

ヒューマン・ギルド　永藤かおる

かんぱ〜い!!
久しぶり〜!
いつ以来だっけ?
7年ぶりよね
みんな最近どんなかんじ?
A男
B太
C美
D子
僕は地道に会社勤めさ
同じく
私は子育て中
A男は新しい彼女できたの?
できねーよ!
ニヤリ
うるせーよっ!!

D子は？
私は最近アドラー心理学のセミナーに通ってるの
ドラマで見たぞ外国の作家だっけ？
アドラーはフロイトやユングと並ぶ三大心理学者よ
アドラー
あ～名前は聞いたことあるな
どんなことを学んでるの？
そうなの！アドラー心理学は日常生活で使える学問なの！
ほほ～う具体的には？
主に人間関係の悩みを解決する方法かな
ほー
へーっ！お堅い印象だったけどけっこう身近なことね

例えば私は前の彼氏にフラれてからしばらく恋愛ができなかったの…
過去の失恋のせいでこのままずっと恋愛できないと思ってたの
俺もそう！
だけどねアドラーはこう言ったの
人間の行動には必ず目的がある
そっか！
恋をしないのは失恋で傷つかないためってことか
過去の原因ではなく未来の目的を見る
過去は変えられないけれど未来は変えられる
なるほど！とても参考になったよ！
おもしろ〜い！他には？
人間は主観的な意味づけで物事を把握する
えっ？
う〜ん？だから？
だから私たちは誤った思い込みをすることがある
＝ベイシックミステイクス

んん？誤った思い込み？
うん
アドラー心理学を学ぶまで私は職場のみんなに嫌われてると思ってたの
マジで？実は僕もそうなんだ…
でも思い込みとは思えないよ
わかるよ
でも、いざ具体的に私を嫌っている人を挙げてみると4人くらいしか挙がらないの
確かに…
○○さん △△さん ××さん…
僕は3人だけだ
思い込みだったのか…
ニコッ
アドラー心理学すごくね？
うん！悩みが一瞬で解決した気がするよ！
もっと深く学んでみたいかも～！
私の悩みも解決しそう…！
そうね！私もまだまだアドラーを学びたいわ！
よしっ!!
じゃあ一緒に学びましょう！
オーーッ!!

悩みが消える「勇気」の心理学　アドラー超入門　目次

Chapter 2

勇気を持って人生を歩もう

Chapter 3

アドラー心理学の
5つの柱を知って
勇気づけを実践しよう

Chapter 4

勇気づけの技術を
上手に使いこなそう

Chapter 5

幸せを感じるため目指すべきゴール、共同体感覚

Chapter 6

アドラー心理学を日常生活に役立てよう

Chapter 1

悩みを解決し、幸せになるために

悩みの“根源”を知って、
“幸せ”への一歩を踏み出そう

アドラー心理学で悩みを消そう！

人間の悩みはすべて対人関係である

「職場で苦手な人がいて、仕事に行くのがおっくう」
「友達グループの中で、いつも自分だけ浮いているように感じる」
「嫌われることが怖くて、自分の意見が言えない」
など、悩みは人それぞれです。場合によっては、複数の悩みを抱えている人もいます。

アドラー心理学では、「人間の悩みはすべて対人関係である」としています。

たとえば自分のためと思われがちな「痩せたい」という悩みも、他人と比べて太っている自分が許せないという気持ちの表れです。

「引きこもりから脱出できない」悩みも、引きこもることで自分の無力さをアピールし、注目を集めたい心理が働いている可能性があります。

人間の悩みはすべて対人関係である

会社に行きたくない

↓

職場に苦手な人がいる

グループの中で浮いてしまう

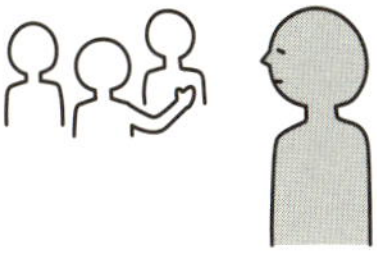

↓

うまく付き合えない

子育てがうまくいかない

↓

親子関係に自信がない

引きこもりから脱出できない

↓

無力さを認めてほしい

痩せたい

↓

**他人と比較して
醜い自分が嫌だ**

自分の意見が言えない

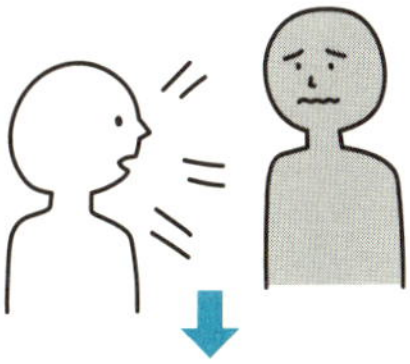

↓

嫌われるのが怖い

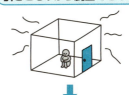

つまり、私たちの悩みには、必ず他者が関わっているのです。**対人関係が改善されれば悩みが解決し、幸せにより近づく**と考えているのがアドラー心理学です。

悩みを消すため自分自身を見つめ直す

対人関係は、次の４つの要素からの影響を受けています。どれかが変われば、その影響で対人関係にも自然と変化が生じます。

❶自分（自分の捉え方や行動）
❷相手（相手の捉え方や行動）
❸関係性（恋人同士、上司と部下といった関係）
❹環境（職場や住まいなど）

「相手」の考え方を変えるのは至難の業ですし、「関係性」を完璧にコントロールするのも困難です。また、理想の「環境」を追い求めるのにも限界があります。つまり、**対人関係を好転させたいときに即効性があるのは「自分」の意志で自分自身を変えること**です。まずは自分自身を見つめ直して、対人関係を向上させるヒントを紹介しましょう。

自分なら意志ひとつで変えられる

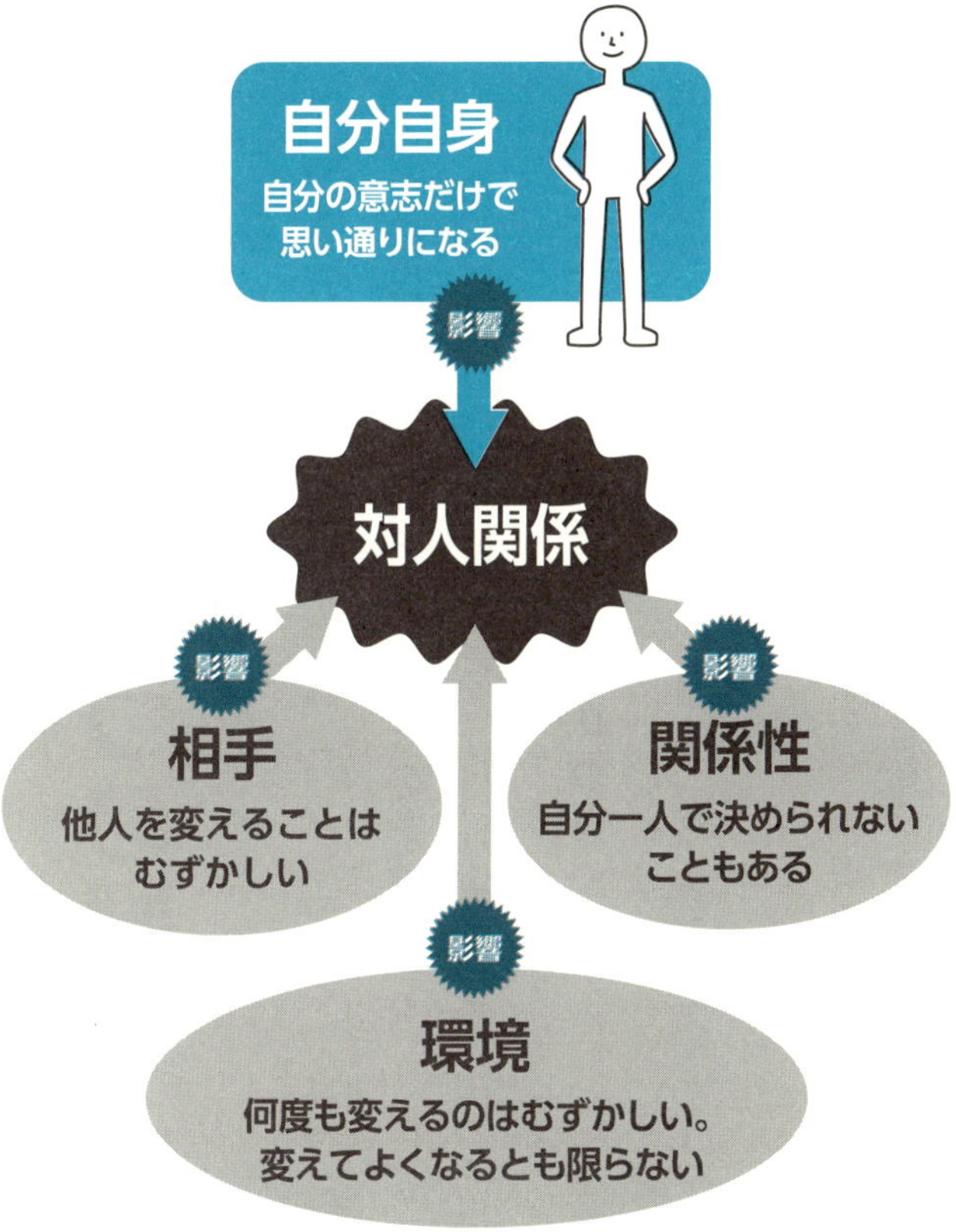

対人関係を好転させたいなら
まず自分が変わる！

ライフタスク

01 私たちが出会う5つの課題

POINT❶ 人生で直面する5つの課題「ライフタスク」とは

POINT❷ 充足度をチェックして、人生の指標にする

アドラーが示した3つの課題《タスク》＋2つの課題《タスク》

人間は人生の中でさまざまな課題に直面します。この**課題をアドラーは「ライフタスク」と呼び、次の3つに分類しました。**

❶仕事のタスク

社会の中で与えられた仕事のことです。お金を稼ぐことだけでなく、主婦の家事や育児、学生の勉強、子供の遊びも含まれます。

❷交友のタスク

周囲の人との対人関係を良好にすることです。友人や職場の人など、身近な人達との付き合いを指します。

❸愛のタスク

夫婦や親子などの家族関係やパートナーシップのことです。関係が濃い分、こじれると修復がむずかしいという特徴があります。

この3つのライフタスクに、**現代のアドラー心理学では2つのタスクを加えています。**

❹セルフタスク

自分自身との付き合いのことで、自分を受け入れることです。また、健康、趣味・遊び、自分をくつろがせることも含まれます。

❺スピリチュアルタスク

人間を超えた存在との付き合い。大自然、神仏や宇宙、瞑想や宗教儀式のことです。

▼生きる上での指標にしてみよう

今、あなたを取り巻く5つの課題の充足度を10段階で評価するとしたら、どれくらいで

しょうか。自分がかけている時間ではなく、精神的な充足度でチェックしてみましょう。**ライフタスクは人生の指標**になります。点数をつけることで自分は今、どのタスクを大切にしているのか、どのタスクに不満を感じているのか、客観的に判断できます。

もし「仕事の内容は気に入っているけれど、残業ばかりで疲弊している。アップアップ状態だ」というなら、仕事のタスクに高評価をつけられません。逆に、他人からは友人が少ないと見られていても、自分が周囲の人間関係に満足していれば、交友のタスクは高評価になります。

全体のバランスを取る必要はありません。**自分があまり重要としていないタスクに無理して取り組む必要はない**からです。あくまで自分の基準で「どのタスクをどうしたいか」を確認します。

このチェックは定期的に行うようにしましょう。常に「今、自分が何に取り組まなければならないのか」を考えることで、人生の満足度を上げられるはずです。

常に「今、何に取り組むべきだろう」と考えて、人生の満足度を上げよう

5つのライフタスク

アドラーが提示した3つの課題

❶仕事のタスク

お金を稼ぐことだけでなく学生の場合は学業、専業主婦にとっては家事や育児など

❷交友のタスク

友人との関係をいかに良好なものにするか

❸愛のタスク

カップルや夫婦などのパートナーシップや、親子関係などごく親密な間柄

＋

現代のアドラー心理学が追加した2つの課題

❹セルフタスク

自分自身との付き合い。健康、趣味、遊びなど

❺スピリチュアルタスク

自分を超えたより大きな存在（大自然、神仏、宇宙）との付き合いのこと

02

ライフスタイル①

好きな自分になるために自分を変える

POINT❶ 人は何歳になっても性格を変えることができる

POINT❷ 「こうありたい姿」に近づく適切な目標を立てる

▼自分を変えるのに手遅れはない

アドラーの弟子でイギリス人のシドニー・マーチン・ロスが、アドラーにした質問は今でも有名なエピソードです。

「何歳になったら性格を変えるのに手遅れですか」

アドラーの答えはこうです。

「死ぬ1、2日前かな」

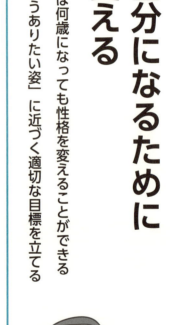

アドラー心理学では「いつでも人間は自分を変えることができる」と捉えています。つまり、「性格は変えられる」と考えているわけです。

とはいえ、性格という言葉には変わりづらいというイメージがあるので、あえて**「ライフスタイル」**という言葉を使っています。「性格は変えられる」と言われると疑ってしまう人でも、思考のスタイル、感情のスタイル、行動のスタイルなど、「スタイルなら自分の努力で変えられる」と感じられるのではないでしょうか。

「変わらない」と思うと努力のしようもありませんが、**「自分で変えられる」と捉えることで変えることに取り組める**のです。

ライフスタイルを構成する3要素とは

ライフスタイルは「自己と世界の現状および理想についての信念の体系」と説明できます。そのため、ライフスタイルの要素は以下の3つに整理されます。

❶自己概念
❷世界像
❸自己理想

❶自己概念とは「自分をどういう人間だと思っているか」です。たとえばエジソンの自己概念が「自分は失敗しやすい」「くじけやすい」だったら、あそこまで実験を繰り返せなかったでしょう。「自分はくじけない人間だ」と認識していたからこそ多くの失敗を重ねながら成功に近づけたのです。逆に自分を「失敗しやすい」と認識している人は、失敗すると自分らしく感じ、成功すると「こんなはずはない」と感じてしまいます。

❷世界像とは、世間、男性・女性、周りの人々など、世の中のさまざまなことを「○○である」と認識すること。たとえば「男性は卑怯だ」「周りの人は信用できない」「家族は温かい」といった自分なりの認識が世界像と言えます。

❸自己理想とは自己概念、世界像について「こうありたい」「こうあってほしい」と感じていること。

ライフスタイルを変えるには、自己概念と世界像について、自己理想と照らし合わせた適切な目標を設定することから取り組みます。

ライフスタイルを構成する3要素

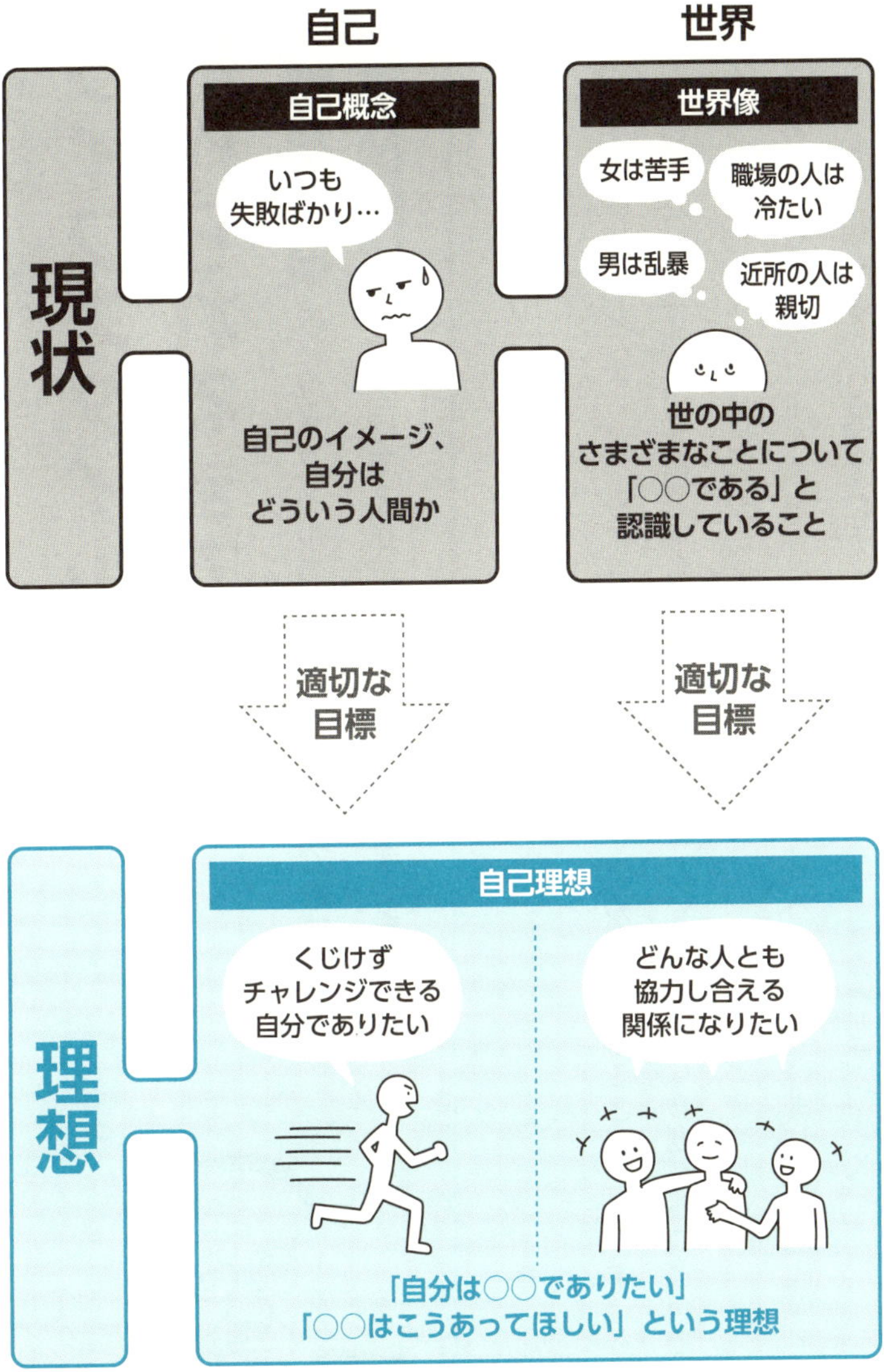

ライフスタイル②

03

ライフスタイルが形作られるまで

POINT❶ ライフスタイルの基本は8～10歳で形成される

POINT❷ 影響因はあるが、決めるのはあくまで自分自身

ライフスタイルに影響を与える3つの要因

24ページで紹介したように、ライフスタイルは自分が望めば変えることができます。もちろん望まなければ変える必要もありませんが、「変えたい」と望むなら変えることができる、というのがアドラー心理学の考え方です。

アドラーはライフスタイルの根幹は4～5歳で形作られると考えていました。現代のアドラー心理学では**8～10歳までにライフスタイルの基本ができる**としています。

それでは、**ライフスタイルに影響を与える要因**はどのようなものでしょうか。その要因は、大きく3つに分けられます。

❶身体的な影響

「気質の遺伝」や「器官劣等性」が代表的な存在です。「身長が低い」「身体が弱い」など、身体的なことがライフスタイルに影響を与えていきます。

❷劣等感

劣等を感じること。詳細は次項で説明します。

❸環境

「家族布置《ふち》」と「文化」です。

家族布置の「布置」とはモノの配置という意味ですが、心理学ではありさま、巡り合わせというニュアンスで使われます。つまり、家族に関するさまざまな事柄のことです。親の考え方など親の影響はもちろん、家族の雰囲気もあるでしょう。

家族布置の中でアドラーが重要視したのは、きょうだい関係です。誕生した順位や、競合関係で第一子、第二子、中間子、末子、単独子など、それぞれ特徴や傾向があるとされています。

文化は国民性、地域性はもちろんですが、自分が身を置く共同体ならではのパターンがあります。

できるだけ建設的な決定をする

これらはライフスタイルに影響を与えますが、**「ライフスタイルは自分自身が決めたもの」というのがアドラーの結論**です。

一部の心理学には、母子家庭で育った、身体的な障害があるなどの場合、性格に悪影響を及ぼすと考えるものもあります。

しかし、アドラー心理学では「影響はあるかもしれないが、決定因ではない」と考えます。**決定するのはあくまで自分自身。**自分の身体や置かれた環境をどう感じ、どう意味を与えていくか。同じ経験をしても、人によって受け取り方はさまざま。すべて自分次第です。**できるだけ建設的で、前向きな決定をしていきたい**のは言うまでもありません。

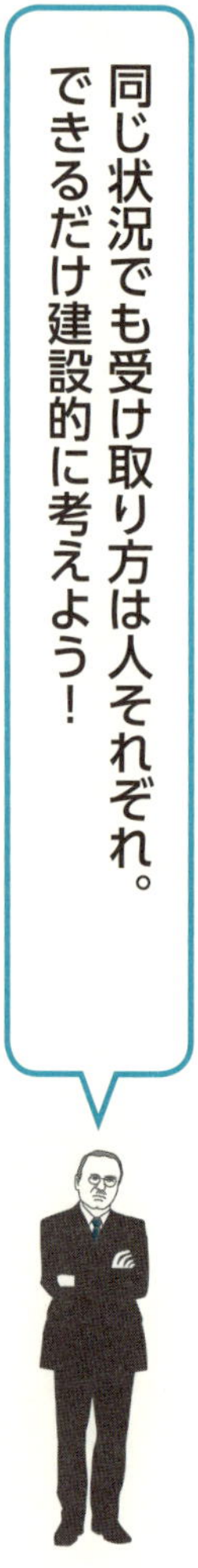
同じ状況でも受け取り方は人それぞれ。
できるだけ建設的に考えよう！

ライフスタイルはどう作られるのか？

主な影響因

- ❶身体的な影響
  - 気質の遺伝
  - 器官劣等性
- ❷劣等感
- ❸環境
  - 家族布置《ふち》
    - きょうだい関係（アドラーが重要視した）
      - 誕生順位
      - 競合関係
    - 家族価値（親が子供に求めるもの）
    - 家族の雰囲気
  - 文化

↓ 影響

影響はするが
決定因ではない

ライフスタイル

↑ 決定

ライフスタイルは
自分自身で
決めることができる

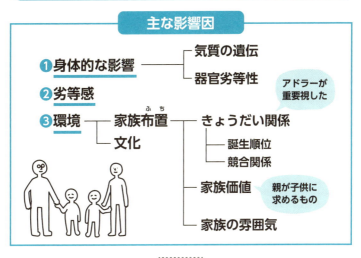

04

劣等感と劣等コンプレックス

劣等感を味方につけて人生を好転させよう

POINT① 持ってよい劣等感と悪い劣等感がある

POINT② アドラーが唱えた3種類の劣等を押さえる

人が「劣等」と感じることには3種類ある

「同期に出世の先を越されてしまった」

「自分は勉強が得意ではない」

など、多くの人が何らかの劣等感を持っています。むしろ劣等感をまったく持っていない人のほうが少ないのではないでしょうか。

劣等感という言葉からマイナスの印象を受けるかもしれませんが、アドラー心理学では

劣等感を味方につければ自分を成長させるきっかけになるとしています。

逆に劣等感を病気のようにこじらせてしまうと、肝心なときに「無理」「私はダメ」と逃げてばかりになってしまう恐れもあります。つまり、**劣等感は〝付き合い方次第〟**ということです。

そこで、アドラーが唱えた劣等に関する3種類を整理して紹介しましょう。

❶劣等性

客観的に推し測れる身体的な特徴で、身体の障害や背の低さ、持病などがあてはまり、アドラーは器官劣等性という言葉を使っています。

❷劣等感

自分の心で劣等と感じていること。理想や目標と、現実のギャップによって生まれます。たとえその人が平均以上の能力などを持っていても、本人が引け目を感じていれば劣等感が生まれます。

❸劣等コンプレックス

自分がいかに劣等であるかをひけらかすことで、自身の課題を避けようとする姿勢です。過度な劣等感であり、アドラーは「ほとんど病気」と指摘しています。

また、劣等コンプレックスの反対で「優越コンプレックス」もあります。自分の過去の実績や知り合いの偉大さをひけらかすことですが、これも自分に対する劣等感をこじらせた結果起こるものです。

人類は劣等感をバネに発展してきた

「劣等性は事実としてあるもの／劣等感は自分が感じるもの」と言えます。この2つを上手に使えば状況を好転できるので、劣等性や劣等感を否定する必要はありません。

そもそも**人間は、理想や目標と現実のギャップを埋めるために努力をする生き物**です。人類の文化が発展したのも、他の動物に比べて身体能力が劣っていたからと言えます。

一方で、**劣等コンプレックスは課題から逃げる要因になってしまうので、持つべきではない**でしょう。自分が感じている劣等感をこじらせず、よい方向へと導く努力が求められます。

劣等感を持つことは健全。
努力と成長のエネルギー源になる

劣等感と劣等コンプレックス

劣等感は健全

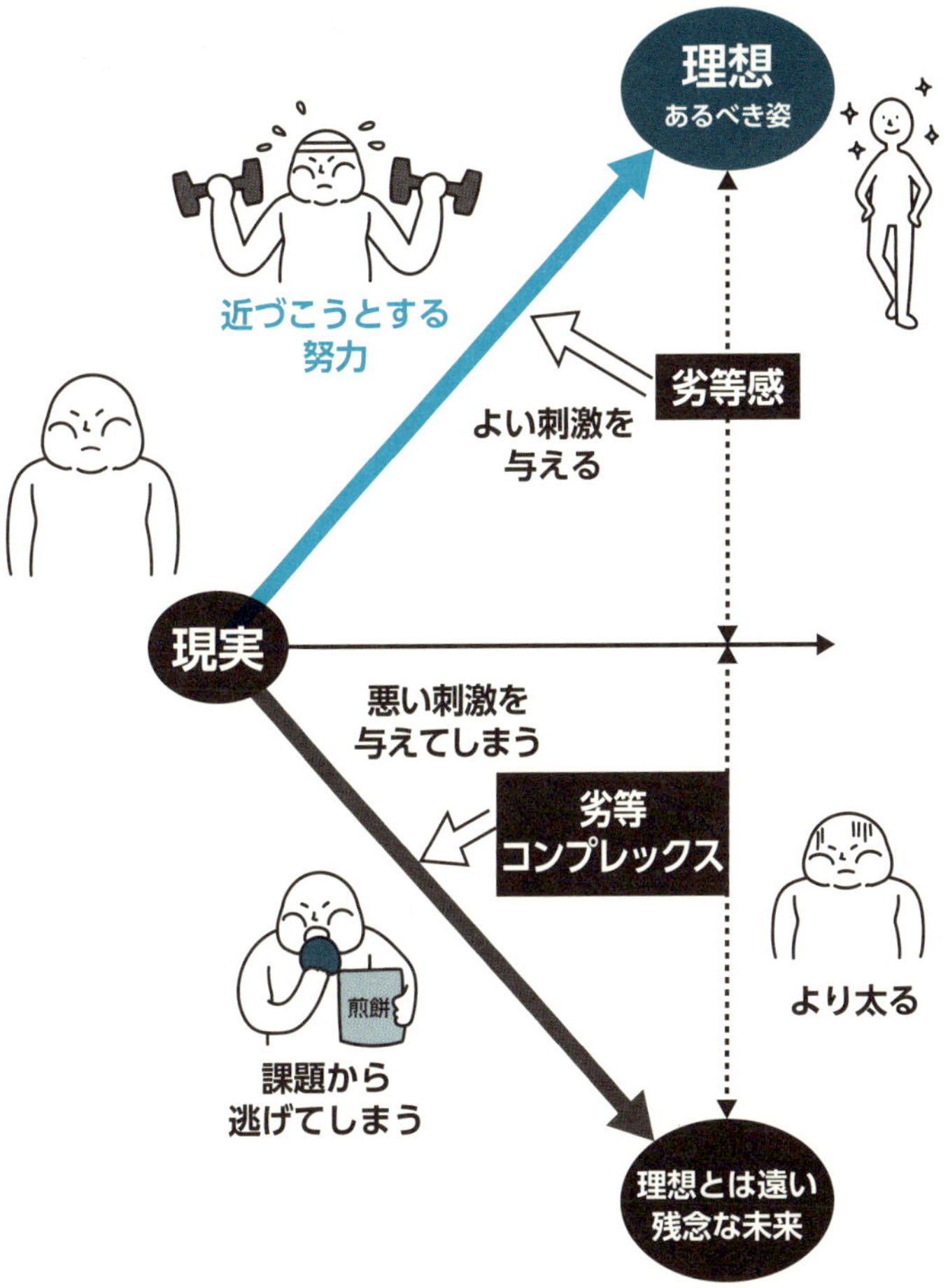

劣等コンプレックスは不健全

05

勇気づけと共同体感覚の関係

アドラー心理学の全体像を押さえよう

POINT 1 勇気づけは「困難を克服する活力」を与えること

POINT 2 勇気づけを実践して共同体感覚を持つのがゴール

勇気づけはアドラー心理学の核

第1章では、ライフタスクやライフスタイルなど、アドラー心理学における解決すべき課題の部分を紹介しました。自身の状態を見直す機会になったのではないでしょうか。

しかし、この過程で見えてきた課題があるはずです。アドラー心理学では、この課題を解決する術も用意されています。そこで、まずはアドラー心理学の全体像を把握していきましょう。

まず、アドラー心理学の最も重要な考え方の一つに勇気づけがあります。勇気づけについては、第2章で詳細に見ていきますが、ここでいう**勇気とは「困難を克服する活力」のこと**です。つまり勇気づけとは、その活力を与えること。ほめることでも、励ますことでもありません。

この**勇気づけを実行するために必要なのが、アドラー心理学の5つの理論**です。第3章で詳細に見ていきます。

❶自己決定性

人間は運命を創造できる力があるとするもの。自分が今後の行動の決定権を持ちます。

❷目的論

人間が何か行動を起こすには目的があるというもの。過去の原因より、未来の目標を重視して行動します。

❸全体論

人間は内部で矛盾対立はしていないユニークな存在であるとするもの。すべての人は分割できない「かけがえのない存在」と捉えます。

❹認知論
人間は自分の主観で物事を見るというもの。自分の主観を疑って、物事を捉え直します。

❺対人関係論
すべての行動には相手役がいるとするもの。

最終ゴールは共同体感覚

アドラー心理学が最終的に目指すのは共同体感覚です。第5章で詳しく学びますが、**共同体感覚は家族や友人グループ、職場などへの信頼感や貢献感のこと**だと考えてください。仲間とのつながり、絆の感覚とも言えます。**アドラー心理学では、共同体感覚を持つことこそが理想的な状態**とされていて、そのために勇気づけが必要なのです。つまり、勇気づけと共同体感覚はセットです。自分と他者が共同体感覚を持つことができるように勇気づけができれば、アドラー心理学を真に理解し、実践できていると言えます。

勇気づけができれば共同体感覚を持てるようになり、幸せになれる

アドラー心理学の全体像

共同体感覚
家族や友人グループ、職場などへの
貢献感、つながりや絆の感覚

自己決定性
人間は運命を創造できる力があり、
自分で今後の行動を決定できる

目的論
過去の出来事にとらわれず、
未来の目標を見据えて行動する

全体論
人の心は矛盾していない。
人間はみなかけがえのない
存在である

認知論
人は誰しも自分の主観で
物事を見る

対人関係論
人が行動するときは、
常に相手役がいる

勇気づけ
自分や他者に困難を
克服する
活力を与えること

Column 1

現代のアドラー心理学って何？

21ページに「現代のアドラー心理学」という言葉が出てきました。もしかしたら、「現代」という言葉に違和感を覚えた人がいるかもしれません。「アドラーの言葉自体は昔から受け継がれているわけだから、現代も昔も大きな違いはないはず」と思った人もいるでしょう。

しかし、「アドラー心理学」は、アドラーの言葉のみを取り上げているわけではありません。**アドラーの理論をもとに、さまざまな人が研究を重ね、そして時代と共に変化してきた学問**なのです。

もちろん、アドラーの考え方がその根本にあるのは間違いありませんが、時代背景からアドラー自身が現代の社会状況にそぐわない発言をしていることもあります。

時代と共に社会状況は変わりますから、アドラー心理学も常に進化していくことが求められているわけです。

アドラーは本をほとんど書いていない

「アドラー本人の言葉が読みたい、アドラーの書いた本を教えてほしい」という人は多いでしょう。しかし、意外なことにアドラーは本をほとんど書いていないのです。講演等を記録として残したものはありますが、晩年は特にアドラーが原稿を一枚一枚書くということは、ほとんど行っていませんでした。

それ以前は『器官劣等性とその心理的補償に関する研究』や『個人心理学の理論と実践』(未邦訳)など、アドラー自身が執筆した本もありました。しかし、ドイツ語から英語への翻訳の問題等で難解であり、挫折する人も後をたちません。

それでも、アドラーの書いた本が読みたい人には**「人生の意味の心理学(上・下)」(岸見一郎訳、アルテ刊)という本をオススメ**します。比較的読みやすいので、興味がある方は一度目を通してみてもいいかもしれません。

アドラー心理学　マスタードリル❶

問1　アドラー心理学における悩みとは？

A　対人関係

B　金銭関係

問2　どのライフタスクを充足させる？

A　すべてのタスクを充足させる

B　自分の基準で充足させる

答え
問題1　A
（→16ページ）
問題2　B
（→20ページ）

問3 「こうありたい」と感じることを何という？

A 自己概念

B 自己理想

問4 ライフスタイルにてアドラーが重要視した家族関係は？

A きょうだいの誕生順位

B 親子関係

答え
問題3 B（→24ページ）
問題4 A（→28ページ）

問5 劣等感は どのように扱う？

A 現実とのギャップを埋めるために努力をする

B ひけらかし、自身の課題を避ける

問6 アドラー心理学の核は？

A 勇気づけと共同体感覚

B やる気と努力

答え

問題5 A （→32ページ）

問題6 A （→36ページ）

Chapter

2

勇気を持って人生を歩もう

勇気を持てば、自分を愛し、
他人を愛せる人になれる

アドラー心理学の核、勇気づけを始めよう

アドラー心理学は勇気がスタート

アドラー心理学は「勇気づけの心理学」という別名を持ち、勇気が幸せへの第一歩と考えています。アドラー心理学における「勇気」とは無茶な行動や、蛮勇のことではありません（58ページ）。ひとことでまとめると、**勇気とは「困難を克服する活力」**です。

「勇気」の英語、courage の語源はラテン語の cor ＝心臓と言われています。心臓は身体の活力を司る臓器。つまり、**勇気は活力を得るために必要不可欠なもの**と考えます。

実際、アドラーの弟子であるルドルフ・ドライカースは著書『やる気を引き出す教師の技量』（一光社）の中で、**「私たちは、人生の課題と出会い、それに立ち向かう勇気が必要」**であり、さらに**「勇気づけがなくては、成長することも、所属感を持つこともできません」**とも主張しています。

アドラー心理学の「勇気」と「自己受容」とは

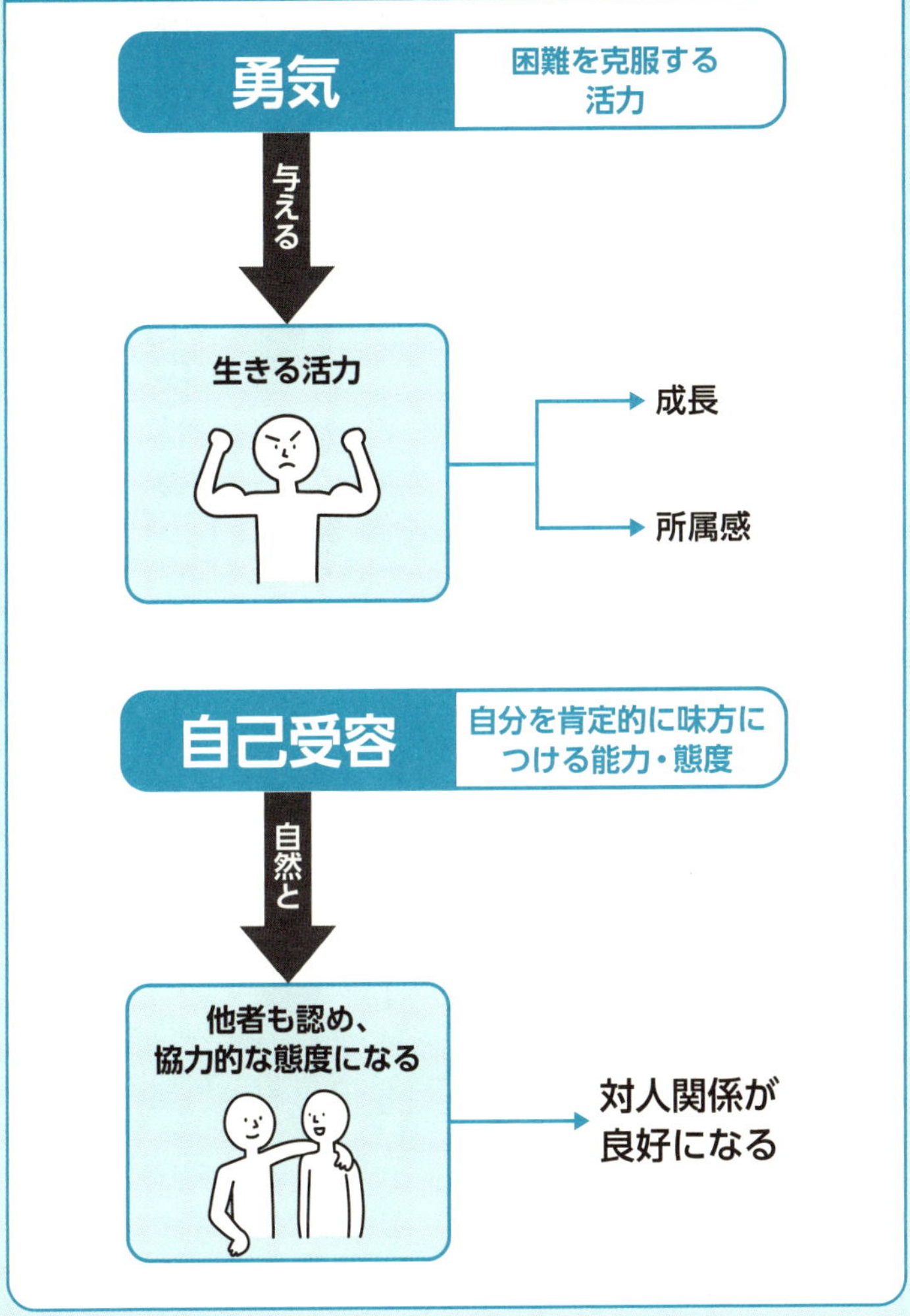

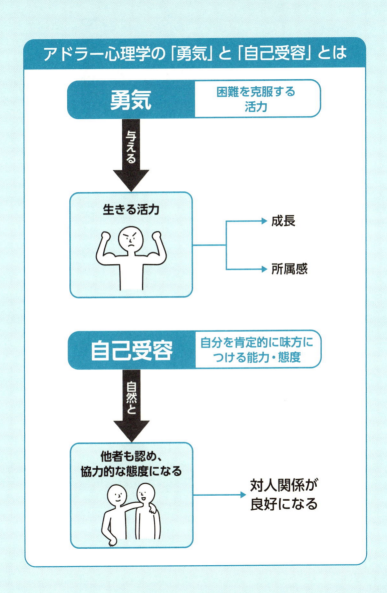

もし今、あなたが生きることに消極的だったり、精神的な疲れが抜けないなら、勇気が欠乏した状態と言えます。

勇気は対人関係も向上させる

前述のドライカースは、勇気を「自己信頼の具体的な表れであり、自分自身の能力を堅く信じることから生まれる」としています。

これは、**「勇気がある人は、自己受容している」**と表現できるでしょう。自己受容とは、自分を肯定的に捉える能力や態度のことです。自尊心と言い換えることもできます。決して、慢心やうぬぼれではありません。

むしろ、自分の強みや長所はもちろん、弱さや欠点も客観的に受け止めることと言えるでしょう。勇気がある人は、根拠をもとに自分を受容していて、自分はもちろん、他人も認めることができます。**I'm OK, You are OK（私もあなたもOK）**の態度です。自然と対人関係が協力的になるため、対人関係が良好になりやすい、という特徴があります。

第2章では、主に「勇気とは何か」について詳細に確認していきます。生きる活力を得るために必要不可欠な勇気についての知識を深めていきましょう。

勇気がある人とない人の違い

勇気がある人（自己受容している人）		勇気がない人（自己受容していない人）
なれる	自分が自分の味方に	なりにくい
確信がある	自分自身の能力	無力だと感じる
いとわない	リスクを冒すこと	消極的
旺盛である	自立心	欠ける、依存的
客観的に認めている	自分の欠点や弱さ	人のせいにする、自責の念が強すぎる
コントロールできる	自分の感情	コントロールできない
学習の機会と捉える	失敗や挫折	致命的と考える
楽観的	将来	悲観的
認める	自分と他者の違い	恐れるもしくは認めない
協力的	他者との関係	競争的もしくは回避的

01

勇気くじきの行動

うまくいかないのは勇気がくじかれているから

POINT 1 勇気がくじかれると、不適切な行動をとってしまう

POINT 2 いざというときにプラス思考でいられるのが大切

不適切な行動にも目的がある

人が幸せを感じるために目指すべきゴールは「共同体感覚を持つこと」です。共同体に対して貢献しているという実感が、周囲の人達との絆を強固なものにしてくれます。共同体感覚を目指す第一歩が「勇気」であることは、すでにご紹介しました（36ページ）。

では逆に、**勇気がくじかれた場合にはどうなるでしょうか。**共同体に対して貢献するのと正反対の行動をとります。つまり、**共同体に対して破壊的で、非建設的な行動をしてし**

まうわけです。

そもそも人は、ある状況において、特定の人に対して、目的を持って行動します。状況や相手によって、ある行動をすることもあれば、しないこともあるということです。

ある少年は、先生との感情的な行き違いで、学校で問題行動ばかり起こしていました。校則を無視したり、先生を揶揄したり。ひどいときには暴力的な行動をとり、授業の妨害もしました。最後はとうとう学校に嫌気が差して、登校を拒否しました。

しかし彼は、家では特に問題のない、素直な子です。学校にいる間、相手が特定の先生のときだけに問題行動を起こすわけです。これが状況や相手によって起きる「不適切な行動」です。その**原因は勇気がくじかれているから**です。

勇気をくじく人の特徴は?

自分の勇気をくじいてしまう人、また他人の勇気をくじく人の特徴を紹介しましょう。

❶恐怖による動機づけ

人間は動物と違い、罰や恐怖を与えることは、抵抗・反発を招くだけで、適切な行動を学べません。

❷悲観的なマイナス思考

悲観的でいると、何をやってもうまくいかないという態度になります。いつもプラス思考である必要はありませんが、いざというときにはプラス思考でいる必要があります。

❸原因志向

過去に対して「あれが原因で失敗した」などと悲観していると、前進できません。

❹聴き下手

相談や悩みを聴く立場にも関わらず自分の話ばかりすると、相手の勇気をくじきます。

❺重箱の隅をつつく

悪い要素のみをあら探しするような態度では、勇気がくじかれます。

❻皮肉っぽい

皮肉は自分からも相手からもやる気や勇気を奪ってしまいます。

自分や周囲の人が不適切な行動をとらないよう、勇気くじきは今すぐやめる

勇気をくじく人の特徴

恐怖で動機づける

悲観的なマイナス思考を持つ

原因志向でいる

聴き下手である

重箱の隅をつつく

皮肉っぽい

02 不適切な行動には4つの目標がある

POINT❶ 人は勇気をくじかれると不適切な行動をとる

POINT❷ 不適切な行動には4つの目標がある

不適切な行動とは何か

人は勇気をくじかれると、不適切な行動をとるようになります。では、そもそも不適切な行動とは、どのような行動を指すのでしょうか。

アドラー心理学では、**不適切な行動の最大の定義を「共同体に対して破壊的・非建設的な行動」**としています。

例えば、自分の所属しているクラスや職場、家庭などにわざと迷惑をかける行為などを

指します。

不適切な行動の4つの目標とは

アドラーの弟子であるドライカースは、**特に子どもの不適切な行動には4段階の目標があると**言いました。これは大人にも応用ができます。段階が進めば進むほど、修復は困難になります。

❶注目

自分のしていることに注目してほしいという目標です。授業中に騒いだり、指をしゃぶったりすると、普段自分に注目しない先生や親が注目してくれます。普段から、その人の不適切な行動ではなく、適切な行動に注目してあげることが大切です（114ページ）。

❷権力闘争

ボスでいたい、相手に支配されたくないという目標です。相手の発言を妨害したり、言い争ったりすることで自分の力を示そうとします。勇気はくじかれていますが、まだ力はある状態です。相手の上に立とうとはせず、横の関係で接してあげましょう。

❸復讐

自分がやられたから仕返しするんだという気持ちで、相手を傷つけようとします。自分は誰にも好かれていないと思い込み、「他者を傷つけるときだけ、自分の存在感がある」と感じている状態です。復讐している人に「傷ついた」と認めてしまうと、効果が出たとわかってしまいます。「傷ついた」ことは伝えず、報復を避け、関係修復を図りましょう。

❹無気力

「一人にしてほしい」「何もできない」という態度をとり、無気力になります。最終的には部屋に引きこもってしまうこともあります。こうなってしまうと、当事者間のみでの修復は困難です。カウンセラーなど専門家に相談して対処しましょう。

　このように不適切な行動の目標には4段階あります。自分の家族や友達がこの状態に陥ったら、できるだけ早い段階で対処したほうが、修復もより容易です。

不適切な行動が見られたら早い段階で対処しよう

不適切な典型的行動と対処法

目標	典型的な行動	対処法
注目	騒がしい 	よいところに注目する 
権力闘争	親分風をふかせる 	言い争わない 
復讐	仕返しをする 	報復を避ける 
無気力	すぐにあきらめる 	専門家を呼ぶ 

03

勇気と蛮勇の違い

無理な挑戦、無茶な行動は必要ない

POINT❶ 蛮勇は後先を考えない乱暴で大胆な行動

POINT❷ ひとりよがりな考え方は勇気がくじけている状態

乱暴な行動は勇気ではない

繰り返し紹介していますが、アドラー心理学における「勇気」とは「困難を克服する活力」のことです。

私たちは普段、無理な挑戦をする人、無茶な行動をとる人のことを「勇気がある」と表現しがちですが、こうした勇気とアドラー心理学の勇気とはニュアンスが違うことを理解しておく必要があります。

たとえば10万円しか持っていないのに、10万円全額を競馬に使ってしまう人を「勇気があるね」とするのは、アドラー心理学での「勇気」ではありません。持ち金すべてをギャンブルに使うのは無茶な行動です。「勇気」ではなく、「蛮勇《ばんゆう》」と言えます。

蛮勇とは、物事の是非を考えず、乱暴で向こう見ずな行動をとることです。アドラー心理学で表現する「勇気」とはまったく別物と捉える必要があります。

ほかにも、安全性が確認されていない場所でバンジージャンプを行ったり、見さかいなくケンカを吹っかけたりするのも「蛮勇」です。ここまでくると、アドラー心理学の「勇気」とは正反対と言えます。

たとえば61ページの例でギャンブルで散財するのは、収入が少ないという困難を直視できないことが原因です。つまり、困難を克服できないために不適切な行動をとってしまっているのです。**「勇気」は困難を克服する活力のこと**ですから正反対でしょう。

「自分は無理な挑戦をする度胸がない」「無茶な行動はとれない」と心配する必要はまったくありません。そんな勇気はアドラー心理学では求められていないのです。

▼ひとりよがりの状態と勇気に満ちた状態

蛮勇は勇気がくじかれた状態です。困難を克服する活力を出せないため、不適切な行動をとってしまいます。

共同体（148ページ）に対して貢献することなく、反対に破壊的な行動をとったりします。これは「独善的で、自分中心でしか物事を考えられない状態」とも表現できるでしょう。

蛮勇からは共同体に対する感覚は生まれません。ひとりよがりの行為なのです。逆に、勇気に満ちていると、ひとりよがりになることはありません。人は一人では生きていけないとわかるので、自然と共同体に対して貢献しようと思えるようになります。**「勇気」と「共同体」は切っても切れない、非常に密接な関係にある**のです。

アドラー心理学の「勇気」は、
無理な挑戦、無茶な行動を求めない

勇気と蛮勇の違い

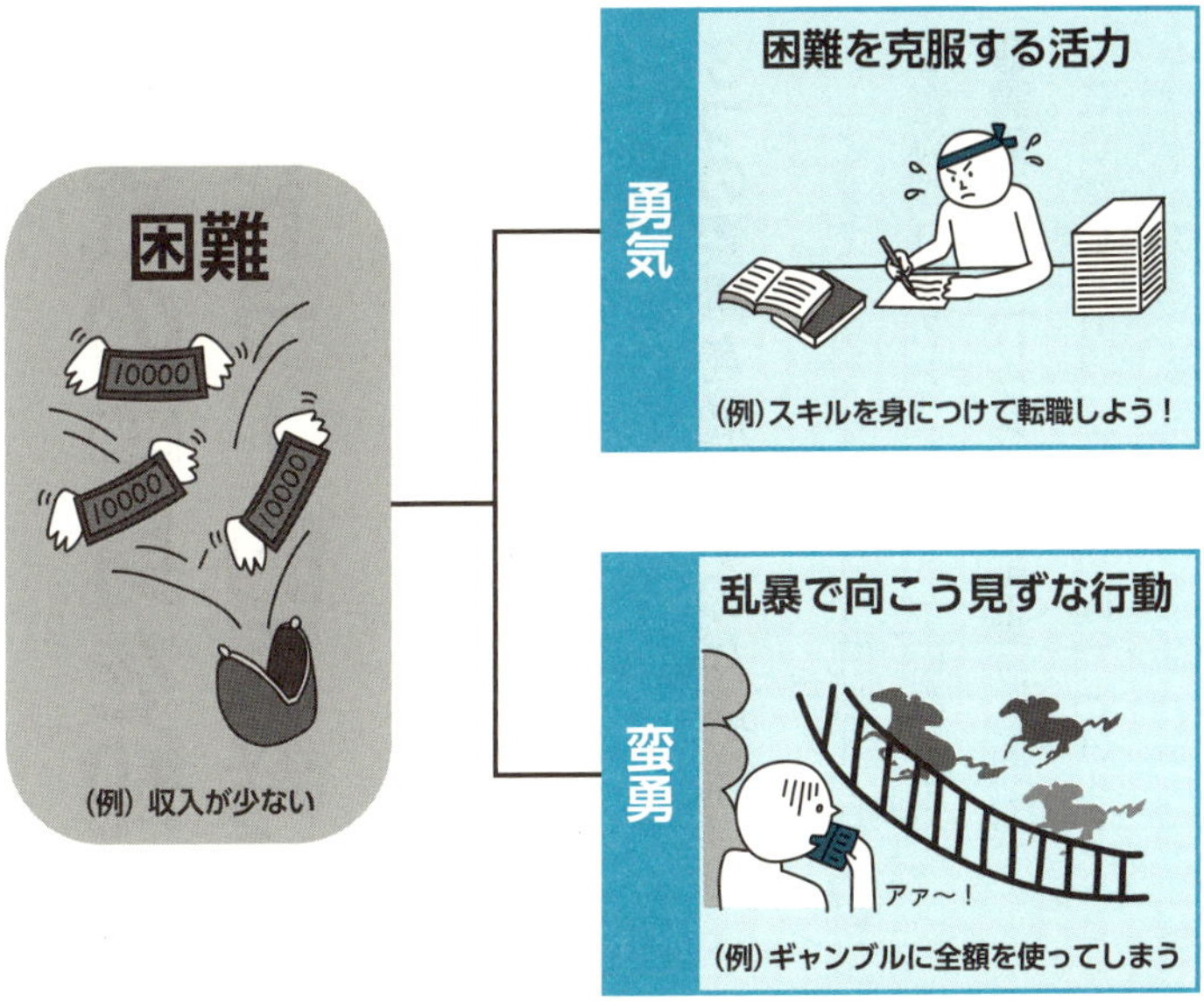

蛮勇の例

04 勇気の中身を知ればアドラー的思考に近づける

POINT❶ リスクを引き受けなければ困難に立ち向かえない

POINT❷ 朝と夜にオセロ式の勇気づけを習慣づける

3つの要素を満たすのが勇気

ここまで、勇気を「困難を克服する活力」と紹介してきましたが、もう少し詳細に勇気を定義づけすると、次の3つになります。

❶勇気とは、「リスクを引き受ける能力」

ここでいうリスクは「危険」とは少しニュアンスが違います。**チャレンジはプラスになるかマイナスになるかわからないものですが、その不確定の度合いの高さがリスク**です。

たとえばいじめを避けるために転校したとしても、転校先でいじめを受けないとは限りません。新しい事業に挑戦するときには、失敗する可能性もあります。

悪い状況への対処にも、より成長を目指した行動にも、必ずマイナスの結果となる可能性が伴うということです。

しかし、勇気を持っていれば、**成功しても失敗しても成長できる**と受け止めて、リスクを引き受け、思い切ってチャレンジできます。

❷勇気とは、「困難を克服する努力」

困難を「立ち向かえば克服できる課題」と捉えて、努力をすることです。

❸勇気とは、「協力できる能力の一部」

ひとりよがりだったり、人との競争心だけで行動するのは勇気ではありません。**目標や目的に向かってほかの人と力を合わせたり、貢献したりすることが大切**です。

オセロ式勇気の満たし方

勇気について理解を深めていけば、その大切さについても実感できるようになるでしょう。とはいえ、３６５日、24時間ずっと勇気で満ち足りた状態でいるのはむずかしい面もあります。

仕事でミスをしたり、人から嫌なことを言われたりする日もあります。転んでケガをするなど、アンラッキーなことが起きる日もあります。ちょっとしたきっかけで、困難に立ち向かう気持ちが萎えてしまうことは誰にでもあるものです。

そこで、おすすめする習慣が**オセロ式の勇気づけ**です。オセロは両端を取ることで、中のコマをひっくり返すことができます。これと同じで、昼間に何か思わしくないことが起きても、朝と夜に自分に勇気づけをすることで、昼間の暗い気持ちを正反対に変えることができるのです。

方法は簡単です。**朝は「今日もいい日だ。爽快だな」、夜は「今日もがんばったな」など声に出してみる**――これだけです。満足感や感謝を表現することで、自分の中にある黒い気持ちを白にひっくり返すことができるのです。ぜひ試してみてください。

勇気の中身を知って、オセロ式を実行すれば
勇気で満たされた生活ができる

勇気の３要素

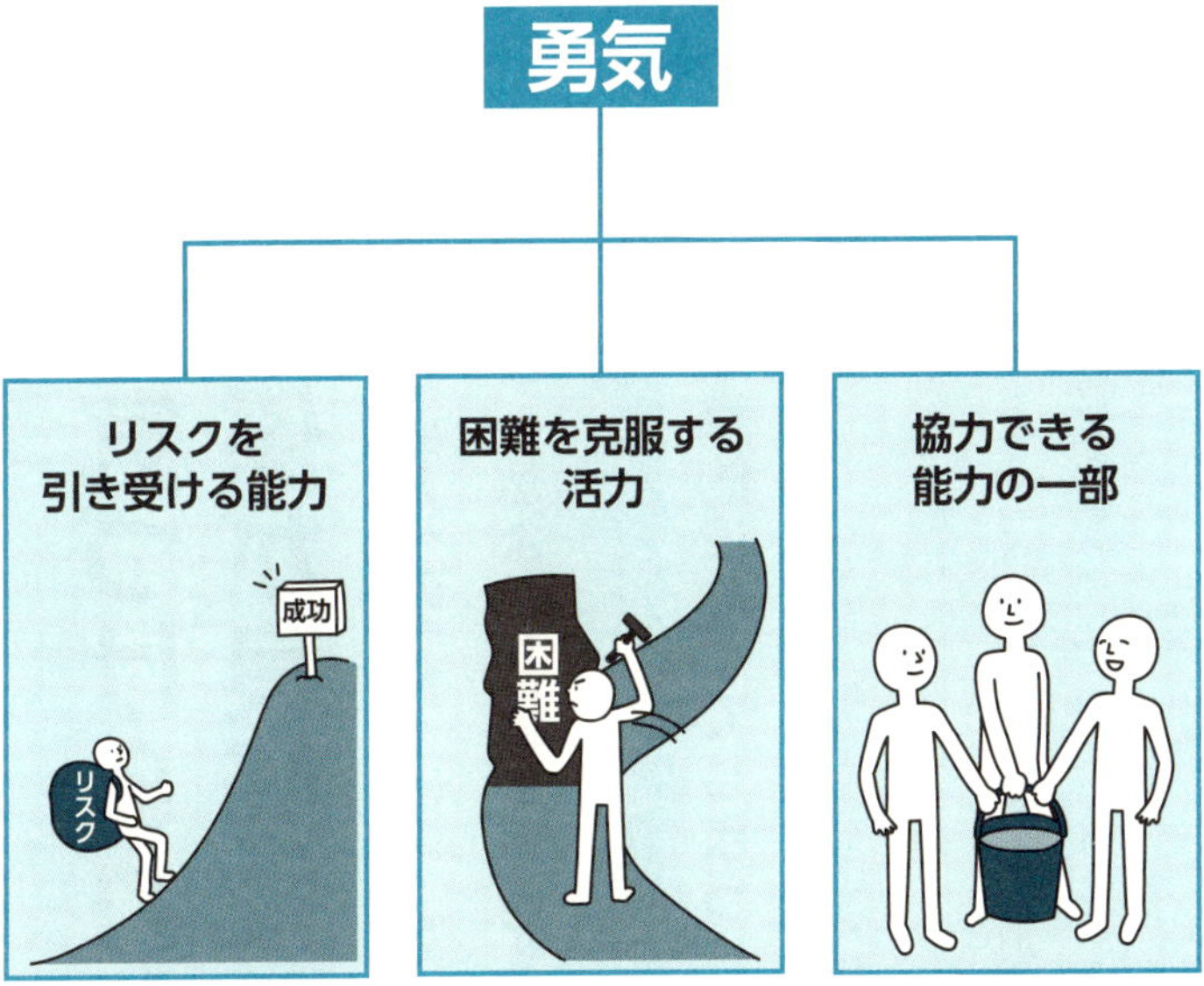

オセロ式の勇気づけを始めよう

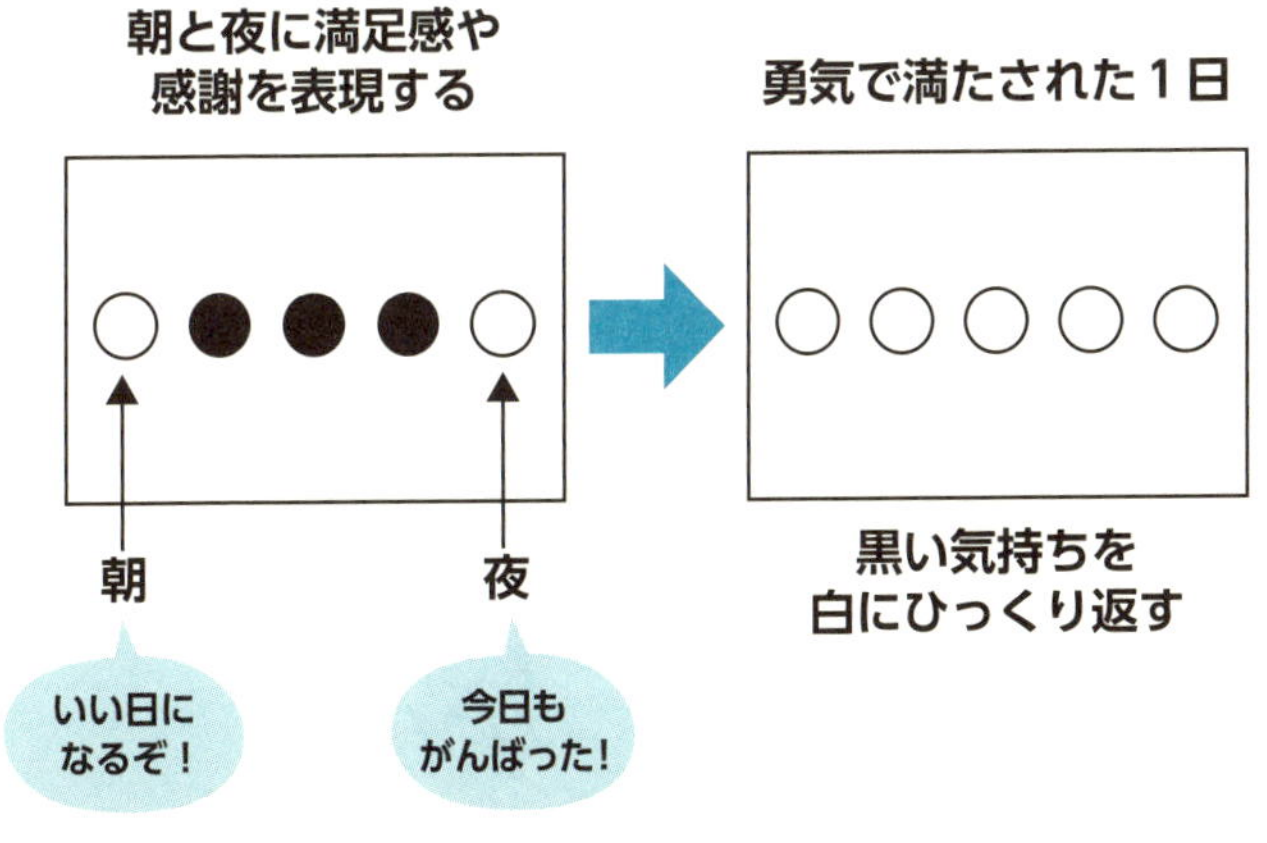

勇気づけの前提条件

05 人を勇気づけられれば人間関係が良好になる

POINT 1 他人への勇気づけは、互いのためになる

POINT 2 言葉よりも相手を尊重する心と態度が大切

恐怖感から攻撃的になってしまう

自分が勇気を持っていても、相手の言葉や態度で勇気をくじかれることがあります。空気清浄機を使っているのに、同時に処理しきれないほどの毒ガスをまかれているようなものですから、あっという間に勇気がくじかれかねません。

なぜ、他人の勇気をくじくのかというと、その人自身が勇気に欠けているからです。**勇気がくじかれているため、相手を恐れて、攻撃的な態度をとってしまう**のです。

周囲の人に勇気をくじかれないためには、自分が周囲の人に勇気づけをする必要があります。

勇気に満たされると、他人に勇気づけができるようになります。他人に勇気づけできる人が増えれば、共同体の人間関係がよくなり、みんなが貢献しようとする理想的な共同体に近づいていくわけです。

つまり、他の人に勇気づけをするのは、自分のためにも、相手のためにもなるということです。

言葉よりもボディランゲージ

では、他の人への勇気づけは具体的にどういうことをすればよいでしょうか。人と人ですから、勇気づけもコミュニケーションによってなされます。

こう説明すると、たまに「どんな言葉を言えば勇気づけになるんですか」と相談してくる人がいます。しかし、このような考え方では勇気づけはできません。**勇気づけのセリフ集があるわけではなく、相手に対する姿勢や態度のほうが大切**です。

たとえば2016年に亡くなった演出家、蜷川幸雄さんは、演技指導中に「バカ野郎」

と怒声をあげて、灰皿を投げることでも有名でした。しかし、蜷川さんと仕事をした俳優さんの多くは「大恩人」「感謝している」と口を揃えます。「オレが見込んだお前を、一流の俳優にしたい」という蜷川さんの心が伝わっていたからでしょう。

言葉は、その時の文脈や表情で受け取り方が違ってきます。たとえば「お前ってヤツは…」が相手を牽制するような勇気くじきの言葉になることもあれば、後押しする言葉やほめ言葉になることもあるでしょう。

つまり**言葉の羅列ではなくて、互いを尊敬する心が大切**なのです。心は言葉よりも態度、ボディランゲージで伝わります。勇気づけのベースにある互いの信頼関係を大切にしましょう。

勇気づけをするには、言葉より
相手への尊敬・信頼の気持ちが大切

勇気くじきは 人間関係を悪化させる

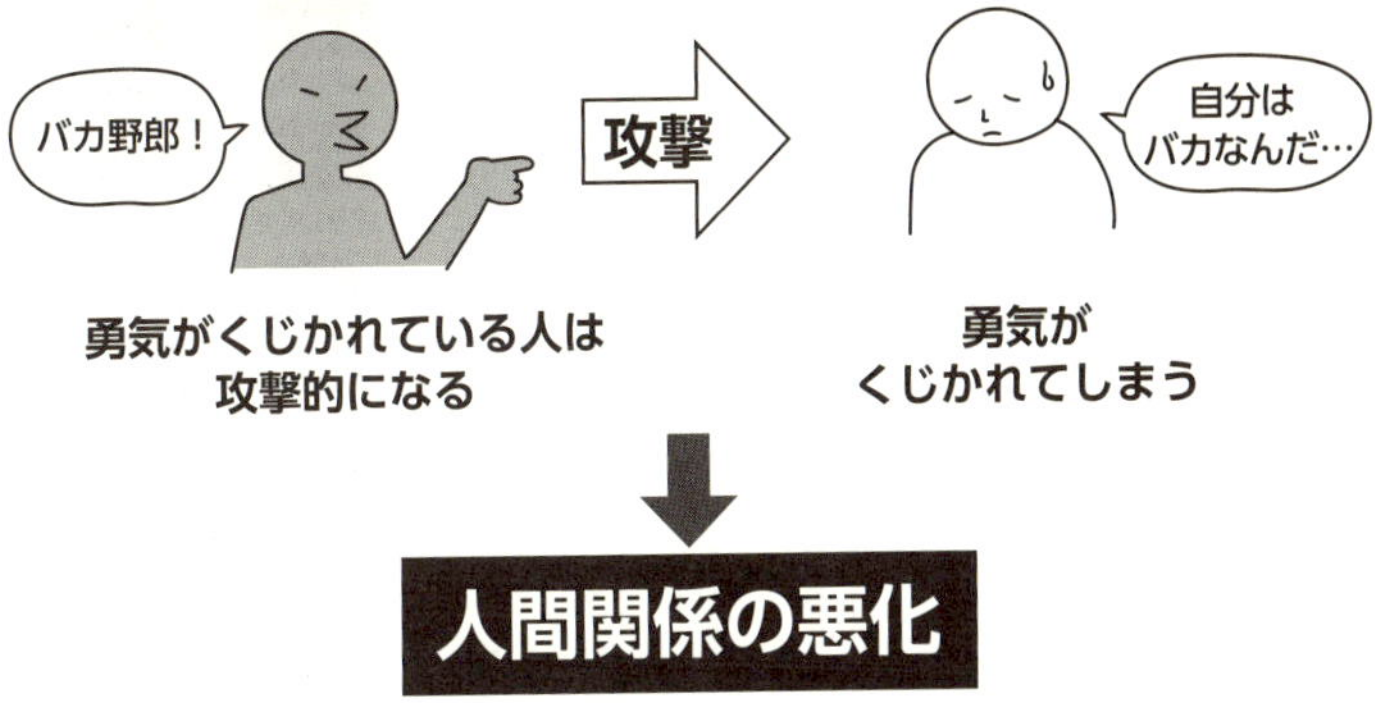
バカ野郎！
攻撃
自分は バカなんだ…
勇気がくじかれている人は 攻撃的になる
勇気が くじかれてしまう
人間関係の悪化

勇気づけのベースには 信頼関係がある

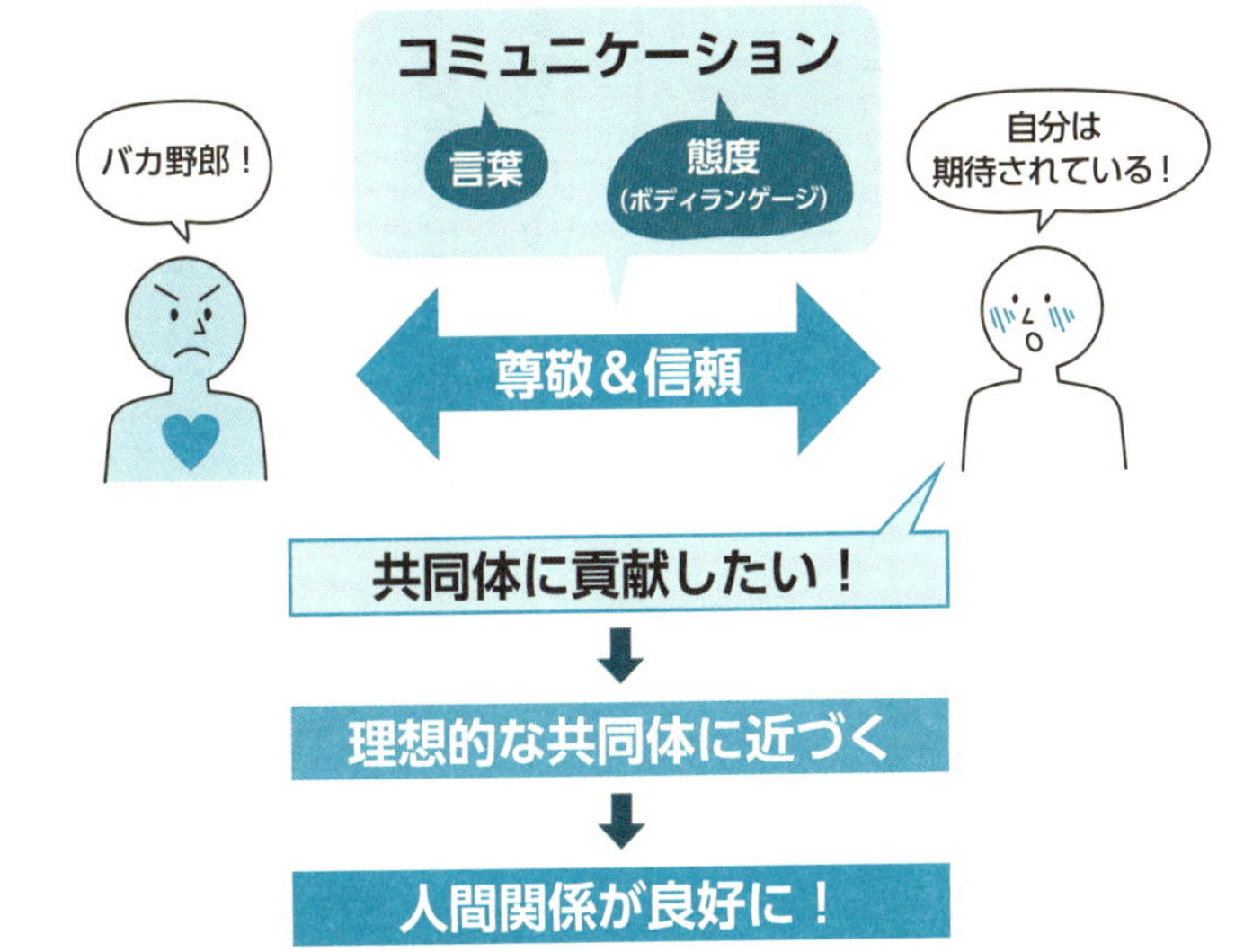
コミュニケーション
言葉
態度 (ボディランゲージ)
バカ野郎！
自分は 期待されている！
尊敬＆信頼
共同体に貢献したい！
理想的な共同体に近づく
人間関係が良好に！

06 上から目線の「ほめる」、共感の「勇気づける」

POINT❶ アドラーは「ほめる」より「勇気づける」を重視する

POINT❷ 勇気づけの目的は、自ら勇気づける力を育むこと

▼勇気づけの真の目的は？

勇気づけの実践で混乱してしまいがちなのが「ほめる」との混同です。アドラー心理学では「ほめる」と「勇気づける」の違いを指摘しています。それは、**「ほめる」行為はときとして逆効果になる場合がある**からです。

「ほめる」が逆効果になるのは、上から目線で評価されていると感じられたり、ほめられないと行動できない人になってしまったりするからです。

一方、「勇気づける」は困難を克服する活力を与える行為です。互いの尊敬や信頼がベースにあり、自他を勇気づける力を育むことを目的としています。そのため、相手は自分から動ける活力を与えられることで、自立的な人になります。「ほめる」の効果は一時的ですが、「勇気づける」の効果は長く続きます。

「勇気づける」と「ほめる」の6つの違い

「勇気づける」と「ほめる」の違いを紹介しましょう。

❶状況の違い

「ほめる」のは、相手が自分が期待していることを達成したときです。言ってみれば条件つきのごほうび。逆に期待に応えられないと、ほめるどころか失望を表現されて勇気がくじかれる可能性もあります。対して「勇気づける」のは相手が失敗したときもできます。

❷関心の違い

相手が自分の期待に応える行為を行ったときしか「ほめる」ことができないのに対して、相手の関心があることに言及するのが「勇気づける」です。

❸態度の違い

「ほめる」のは、上から目線の行為で、相手に共感して行うのが「勇気づける」です。

❹対象の違い

その行為をした人にするのが「ほめる」で、行為そのものに与えるのが「勇気づける」です。

❺波及効果の違い

人と比較して「ほめる」と、必要以上に他人との競争を気にするようになります。その人の成長に着目して行うのが「勇気づける」です。

❻継続性の違い

「ほめる」とその場では満足感がありますが、効果が続きません。「勇気づける」は向上することへの意欲となるため、継続性があるというメリットがあります。

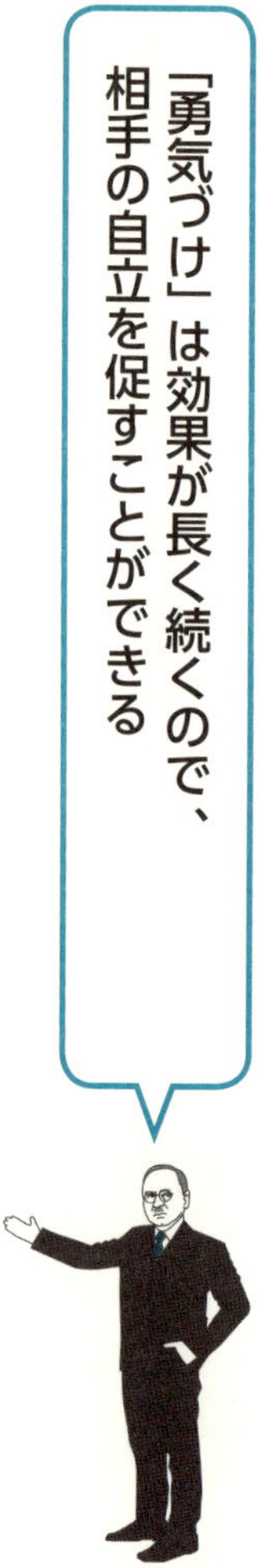
「勇気づけ」は効果が長く続くので、相手の自立を促すことができる

「ほめる」と「勇気づける」の違い

	ほめる	勇気づける
状況	**相手が自分の期待していることを達成したとき（条件つき）**	**あらゆる状況で（無条件）**
	「今月の売上げ目標は達成だな。すごいじゃないか」	「企画が通らなかったから落ち込んでいるようだけど、アイデアがすごくよかったよ」
関心	**与える側の関心で**	**受ける側の関心で**
	「えらい。ほめてやろう」	「お客様のために走り回った姿には感動したよ」
態度	**上下関係でほうびを与える態度**	**ありのままの相手に共感する態度**
	「次の査定ではAをつけてやれそうだな」	「○○さんの真剣な取り組みは、私にとっても嬉しいよ」
対象	**「人」に与えられる**	**「行為」に対して与えられる**
	「Aさんと比べてBさんはよくやった！」	「スピーディな対応は○○さんが一番力を入れているところだよね」
波及効果	**他人との競争に意識が向かう。周囲の評価が気になる**	**自分の成長、進歩に意欲が向かう。自立心と責任が生まれる**
	「これで営業1課に勝てたな」	「セールストークがうまくなってきたね。それで営業成績が上がってきたのかな」
継続性	**その場限りの満足感を刺激する。一時的な効果**	**さらに向上しようとする意欲を生む。継続性が高い**
	「今回はがんばったな」	「この調子なら、○○さんはこれからもっと大きな仕事ができるようになるよ」

Column 2

アドラー心理学で実験データより大切なものは？

心理学の研究方法の主流は、実験をして、その実験結果からさまざまな考察をすることです。「何割の人がどのように行動した」とか、動物実験を行った結果など、データをもとに考察を進めていくのが当たり前の手法です。

しかし、アドラーの時代の論文には、実験結果はあまりありません。現代では実験データを用いてアドラー心理学を研究している研究者もいますが、アドラーの生きていた時代は実験結果を使っていませんでした。「共同体感覚を持っている人は何割いるのか」というデータはとりにくいのです。

では、何をベースに研究していたのでしょうか。アドラー心理学では、**カウンセリング後のクライアントの行動変容**を研究していました。どのようなカウンセリングをし、相手がどのように変わっていったかを記録として残していたのです。

アドラー心理学は哲学的な考え方をする心理学

アドラー心理学で最も大切にしていることは、「何が人にとって幸せなのか」「生きていくうえで大切なものは何か」です。

そのために、どのようにすればよい人間関係が築けるのか、どこを変えるとよい人間関係が築けなくなってしまうのかを、態度や行動変容をもとに研究しているわけです。そういった意味では、**アドラー心理学は価値観を伴う哲学的な心理学**と言えるでしょう。

ただし、あくまで心理学なので、哲学と同一線上で語れるものではありません。〝哲学寄りの心理学〟という認識を持つと、わかりやすいかもしれませんね。

アドラー心理学　マスタードリル❷

問1 アドラー心理学における勇気とは？

A 困難を克服する活力

B 命をかけて戦う気持ち

問2 勇気くじきはどっち？

A 恐怖によってしつける

B 感謝を伝える

答え
問題1　A
(→46ページ)
問題2　A
(→50ページ)

問3 勇気のある行動はどっち？

A お酒を一気飲みする

B お酒の一気飲みを断る

問4 勇気で満たされた1日は？

A 朝と夜に感謝を表現する

B 必ず朝食をとる

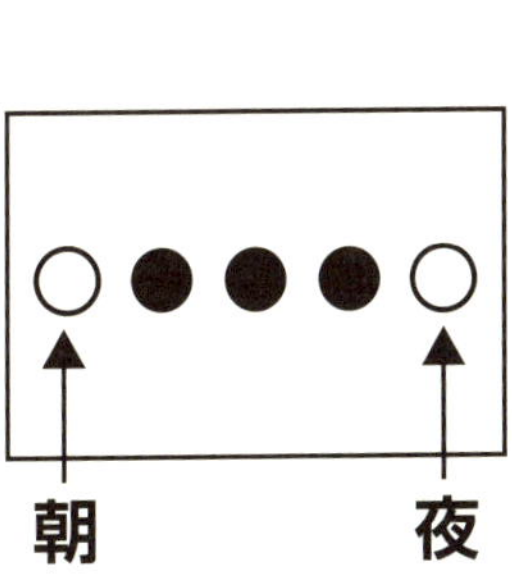

答え
問題3　B
(→58ページ)
問題4　A
(→62ページ)

問5 勇気づける上で大切なことは？

A 言葉づかいに気をつかう

B 相手と信頼関係がある

問6 相手に共感して行う行為は？

A ほめる

B 勇気づける

答え
問題5 B （→66ページ）
問題6 B （→70ページ）

Chapter

3

アドラー心理学の5つの柱を知って勇気づけを実践しよう

考え方を変えることで
世界の見え方が変わる

アドラー心理学の5本柱を学ぼう

人生がより楽しくなる5つの理論とは

第2章でアドラー心理学において特に重要なのが「勇気づけ」であると説明しました。人生を楽しんでいる人は、みな自分や周囲を勇気づけることが得意です。

あなたも、タフな状況をはね返して成功した人、いつも生き生きと輝いている人を見て、「どうしてあんな風にできるのだろう」と不思議に思うことがあるのではないでしょうか。

第3章ではアドラー心理学で提唱されている5つの理論を紹介します。**5つの理論について理解を深めて実践すれば、人生をより楽しむことができる**ようになるはずです。

❶自己決定性（84ページ）
❷目的論（88ページ）
❸全体論（92ページ）

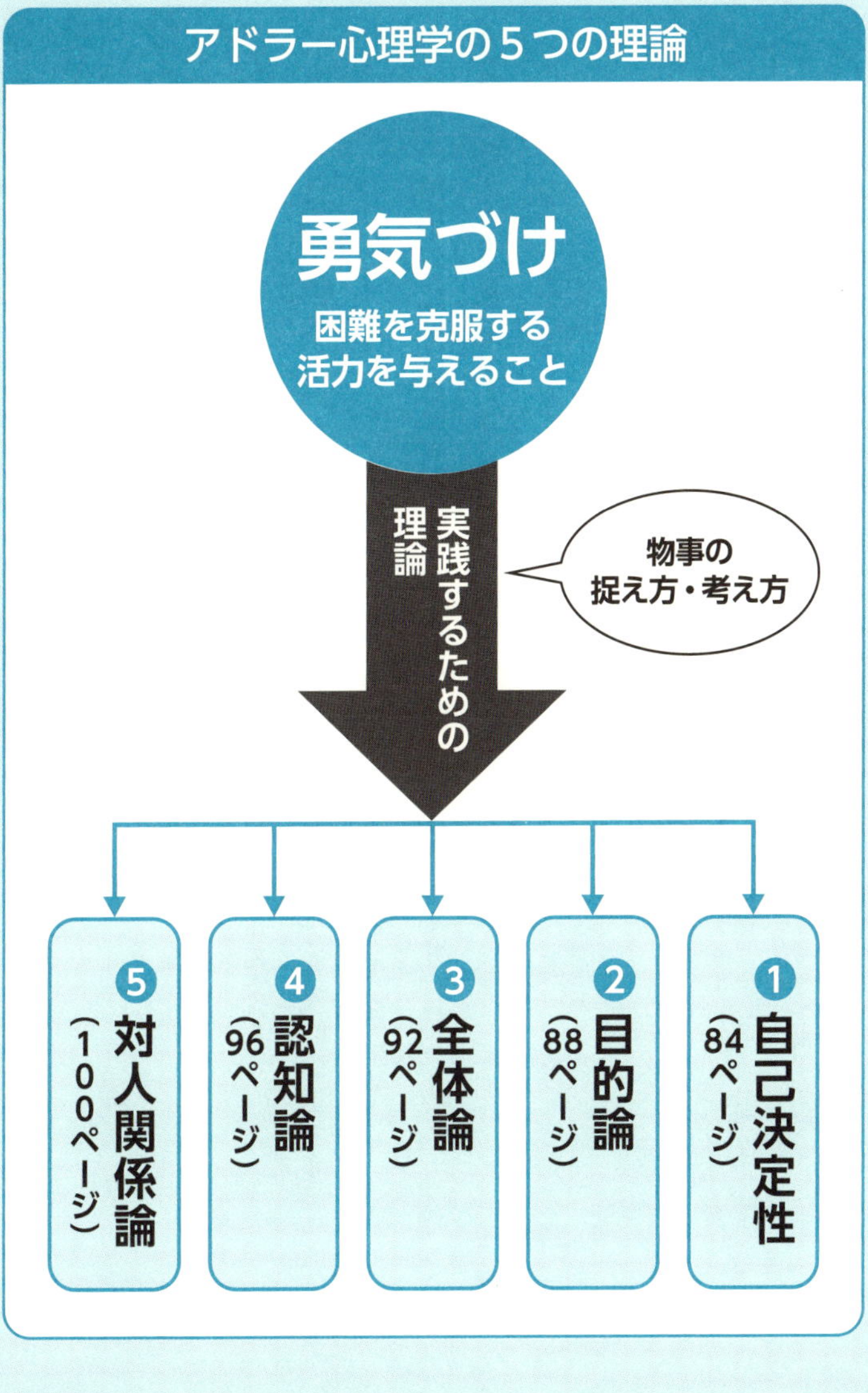
アドラー心理学の5つの理論
勇気づけ
困難を克服する
活力を与えること
実践するための理論
物事の
捉え方・考え方
1 自己決定性（84ページ）
2 目的論（88ページ）
3 全体論（92ページ）
4 認知論（96ページ）
5 対人関係論（100ページ）

❹認知論（96ページ）
❺対人関係論（100ページ）

考え方が変われば見え方が変わる

アドラー心理学の5つの理論は物事の考え方や捉え方とも言えます。

たとえば仕事で損失を出した、テストで不合格だったなどは客観的事実です。しかし、**その事実をポジティブに捉えるか、ネガティブに捉えるかは自分次第**です。

私たちの物事への捉え方や考え方は、メガネのようなものです。スモークのかかったレンズのメガネで世界を見ていては、どんな世界も曇って見えてしまいます。しかし、クリアなレンズのメガネに変える、つまり**自分の考え方をより建設的な方向に変えることで、世界は今より素敵に見える**ようになります。

他人や環境は変えることができませんが、物事の捉え方は自分で変えることができます。

この理論は、日常生活のあらゆる場面で応用がききます。勇気づけを日常生活で実践するために、自分で不都合だと思っている考え方を変える方法を学びましょう。

考え方で世界の見え方が変わる

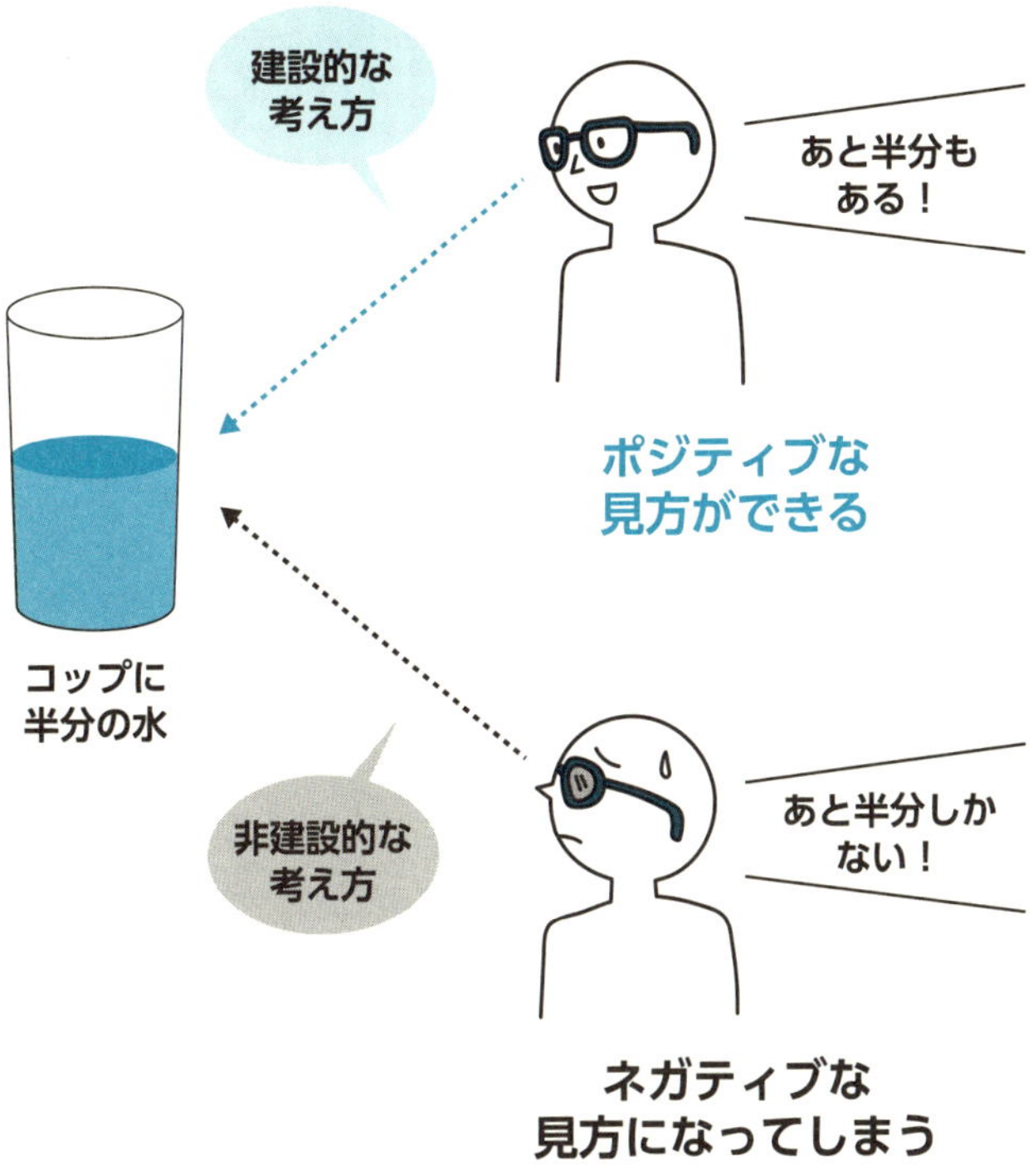

**世界がネガティブに見えているなら、
メガネ（＝考え方）を
変えてみよう！**

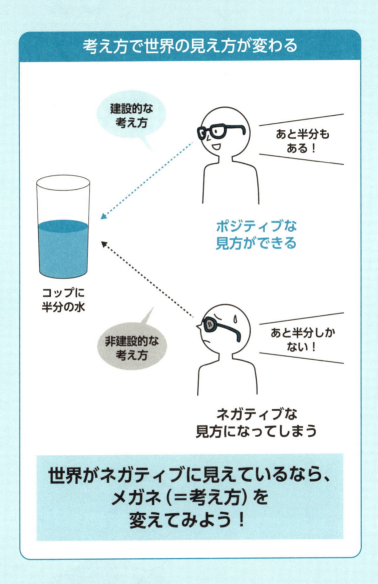

自己決定性

01 人生を決める運命の主人公は自分自身

POINT❶ 決定はすべて自分自身が行っている

POINT❷ 未来は自分の手で変えることができる

運命の犠牲者ではなく主人公になる

「親が貧乏だから、ろくな教育を受けられなかった」

「偏差値の低い高校だったから転職できない」

など、何かのせいにして言い訳をする人がいます。ですが、アドラー心理学ではこのような言い訳を完全に否定しています。**自分の人生は自分自身で決定したもの**と考えるからです。

たしかに、生まれつき身体が弱い、子どもの頃に虐待を受けたなど、育ってきた環境によるハンデを持つ人はいます。アドラーも、環境や障害などが性格に影響を与える可能性があることを認めています。

しかし、それらはあくまでも「影響」にすぎません。過去の出来事が「原因」となって、悪い「結果」が出てしまったのではなく、**出来事に対する「非建設的な捉え方・考え方」が決定因となって、悪い「結果」を自ら出している**とするのがアドラー心理学です。

あなたは、どんな状況でも「運命の犠牲者」ではなく、「運命の主人公」です。どんなことが起きても、それをどう捉えるか、どう考えるか。決定は自分自身の手にかかっています。これが「自己決定性」です。

未来は自分の手で変えられる

「自己決定性」は人生の責任が自分にゆだねられているという考えです。この点でアドラー心理学は厳しい心理学だと感じる人もいるかもしれません。

しかしアドラーは、自分が思わしくない状況にいるのなら自分を責めるべきだ、と言っているわけではありません。自分で決定できるということは、**未来も自分の手で変えられ**

るということです。「今の自分をつくったのは自分自身である」ということを受け入れることで、今後の自分の人生をつくるのも自分自身であると気づくことができるのです。

困難をどう受け取るかは自分次第です。今、何が問われているかを見つけるチャンスだと受け止めたうえで、**困難に対する自分の考えが「(自分や他者にとって、)建設的かどうか」**の判断を大切にします。すると人や環境のせいにすることなく、自分の決断に責任が持てるようになります。

アドラーは著書『人生の意味の心理学〈上〉』で**「人生のチャレンジが無尽蔵であることは、われわれにとって幸運である」**と言っています。自分が幸せかどうかを決めるのは、自分自身なのです。

今の自分は「自己決定」がもたらしたものである

すべては自分が決めている

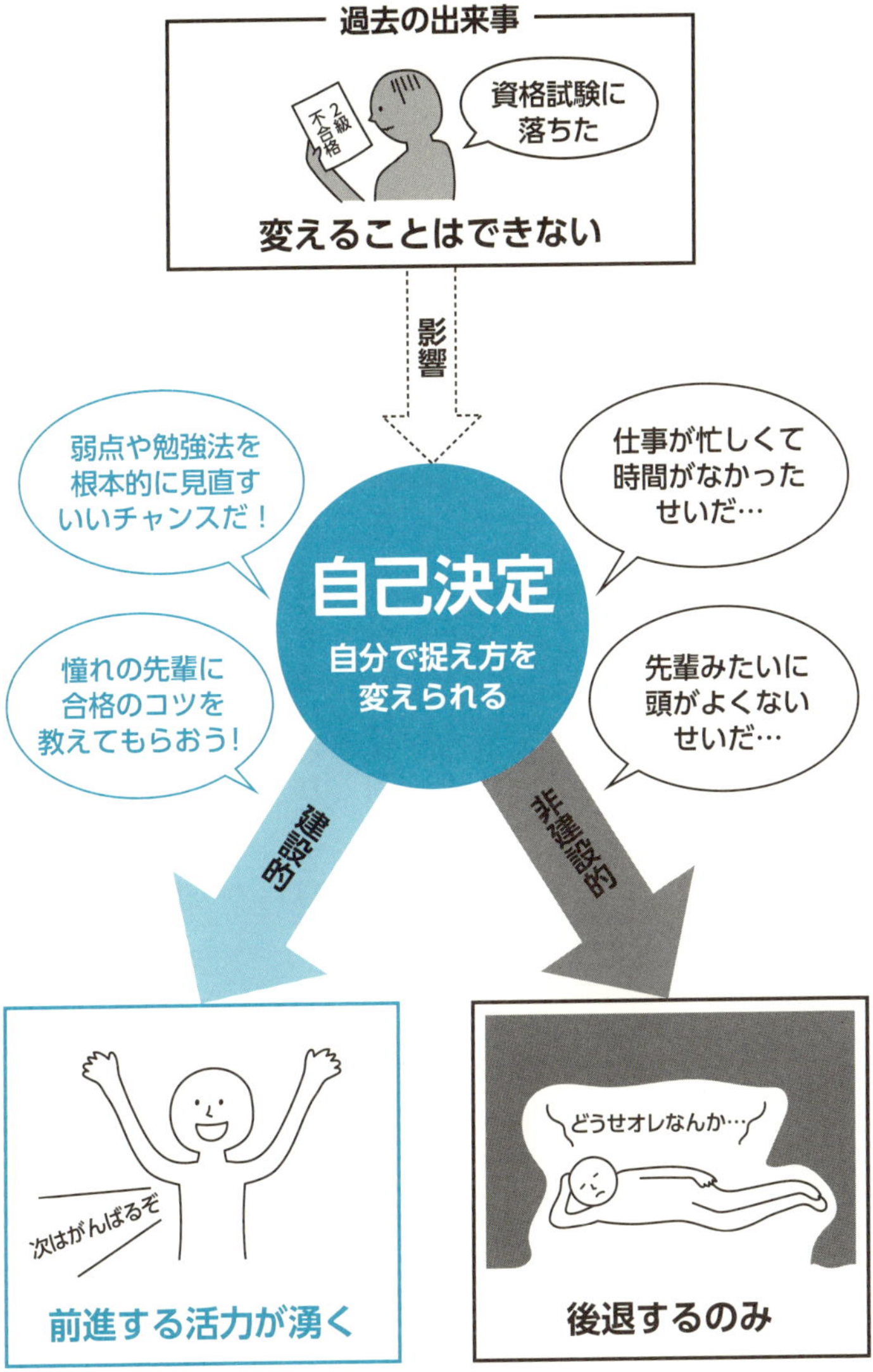
過去の出来事
2級 不合格
資格試験に落ちた
変えることはできない
影響
自己決定
自分で捉え方を変えられる
弱点や勉強法を根本的に見直すいいチャンスだ！
憧れの先輩に合格のコツを教えてもらおう！
建設的
次はがんばるぞ
前進する活力が湧く
仕事が忙しくて時間がなかったせいだ…
先輩みたいに頭がよくないせいだ…
非建設的
どうせオレなんか…
後退するのみ

02

目的論

未来はあなたが変えられる

POINT❶ 原因論では何も解決することができない

POINT❷ 過去は変えられないが、捉え方を変えることはできる

原因論では現状を解決できない

アドラーと並ぶ三大心理学者の一人、ジークムント・フロイトは「原因論」を唱え、人間の行動には必ず原因があると言いました。「虐待をするのは、過去に虐待を受けたからだ」とか、「引きこもった原因はいじめにあったからだ」と考えるのが原因論です。

もっともらしい理論ですが、アドラーはこの原因論を否定し、目的論を唱えました。過

去の出来事を変えることはできないため、**原因論は〝解説〟にはなりますが、〝解決〟にはつながらない**からです。

つまり、フロイトは「原因論」から人間の行動を解明しようとしますが、アドラーは「目的論」というアプローチで問題解決をしようと考えたわけです。

未来に目を向けて目的を達成しよう

アドラーの目的論は、**「人間の行動には目的がある」**とするものです。人間は相対的にマイナスと感じられる状況があれば、自然とプラスになるように努力します。つまり、**「目的論」は「未来志向」**なのです。

ここで言う「プラスと感じられる状況」ですが、本人がはっきり「目標」と認識しているとは限りません。しかし「豊かになりたい」「幸せになりたい」など思い描く理想と比べると、現状はマイナスと捉えるのが通常でしょう。

「理想と現状のギャップを埋めるために人は手段を探し、行動する」というのが目的論です。そのため、「目的論」は32ページで取り上げた「劣等感」とも大きく関わってきます。

劣等感は、理想とする姿と現状のギャップによって生まれます。理想とかけ離れているからといって**「どうせ自分はダメなんだ」と嘆くのではなく、「もっと頑張る必要がある」「まだまだ伸びしろがある」と受け止めましょう。**

未来に目を向ければ、できることはたくさんあるはずです。そう考えると、目の前に明るい未来が広がっていきます。

「なぜこんなことになったんだ」と原因論で考えるのではなく、「どうすれば理想に近づくだろう」と考えて行動する。これが目的論に従ったアプローチです。

目的論を実践すれば、「○○のせいで」「誰々のせいで」などと過去や他人を責める気持ちは自然と消えていくでしょう。

過去にとらわれず、未来の目的の実現手段に目を向けて行動しよう

「目的論」と「原因論」の違い

イジメにあった

目的論
（目的・手段アプローチ）

原因論
（原因・結果アプローチ）

目的論		原因論
未来志向 未来の目標が現在を規定する	志向	**過去志向** 過去の原因が現在に支配的な影響を及ぼす
個人の主体性あり 意思が問われる	意思	**個人の主体性は希薄か、なし** 意思は問われない
当事者意識 創造的な当事者としての意識が持てる	意識	**被害者・犠牲者意識** 自らを環境の被害者・犠牲者とみなす

勇気づけ　　**勇気くじき**

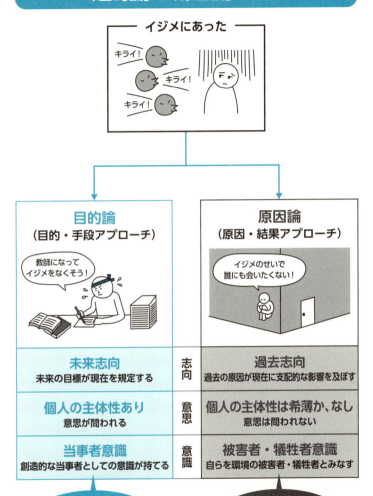

03

全体論

意志が弱いと思い悩むことはない

POINT❶ 人間の心は矛盾せず、対立もしていない

POINT❷ 人間が持つ要素は互いに補完し合う

▼やりたいのにできないのは誰のせい？

「ついお酒を飲みすぎてしまう」

「勉強したいのに、ついだらだらテレビを見てしまう」

「朝はゆとりを持って準備したいのに、遅刻ギリギリの時間にしか起きられない」

誰しも一度は経験したことがあるでしょう。「わかってはいるけれど、できない」と思って、「意志が弱い」と自分を責めたこともあるかもしれません。

なかには、「理性ではわかっているけれど、感情が抑えきれない」とか「無意識のうちにやってしまう」といった言い訳をする人もいるでしょう。

「意識と無意識」「理性と感情」「心と身体」などは、相反するものとして対比して語られることがよくあります。心の中の矛盾や対立をアピールするわけです。このように、**人間を細かく分解していくことを「要素還元論」**といいます。

しかし、アドラーはこの要素還元論を否定して**「全体論」**を唱えています。**「心は矛盾しておらず、すべてつながっている」**と考えるのがアドラー心理学なのです。

全体論で考えると言い訳はできない

全体論では、意識と無意識、理性と感情、心と身体などを「分割不可能なもの」「お互いに補い合う相補的なもの」としています。

仕事で問題が解決できず思い悩んでいるとき、夢でアイデアが浮かぶようなことはあるでしょう。これは意識と無意識が補い合う例です。

恋人を選ぶとき、理性だけでも感情だけでもうまくいかないのは体験的にわかるでしょう。心が弱っていると体調まで悪くなったり、逆に体力の低下を気力で補ったりできるのも、人間は分割不可能で、相互に補い合っているからです。
では、冒頭で紹介した悩みはどう考えればよいでしょうか。お酒を飲みすぎてしまうのは、**「(お酒の飲みすぎを) やめたいけど、やめられない」わけではなく、本音では「やめたくない」だけ**なのです。

全体論で考えると、「わかってはいるけれど、できない」という言い訳ができなくなります。しかし、だからこそ「自分を変えたい」と思えば変えられる余地があるのです。
「だらだらテレビを見てしまう」なら、そもそもなぜ勉強したいのか思い出しましょう。理性の力を借りてだらだらする自分を変えるのです。朝起きられないなら、「疲れているからゆっくり寝よう」と考えることもできるし、朝の楽しみを作って早起きすることもできます。**全体論で考えると、すべては自分次第になる**のです。

行動しない言い訳を断ち切ると、なりたい自分により近づける

人間は要素に分割できない

要素還元論

人間の内部をさまざまな要素に分けて考え、
それぞれ対立・矛盾していると捉える

アドラー心理学の立場

全体論

人間の心は矛盾・対立しておらず、分割不可能。
それぞれの要素は補い合っている

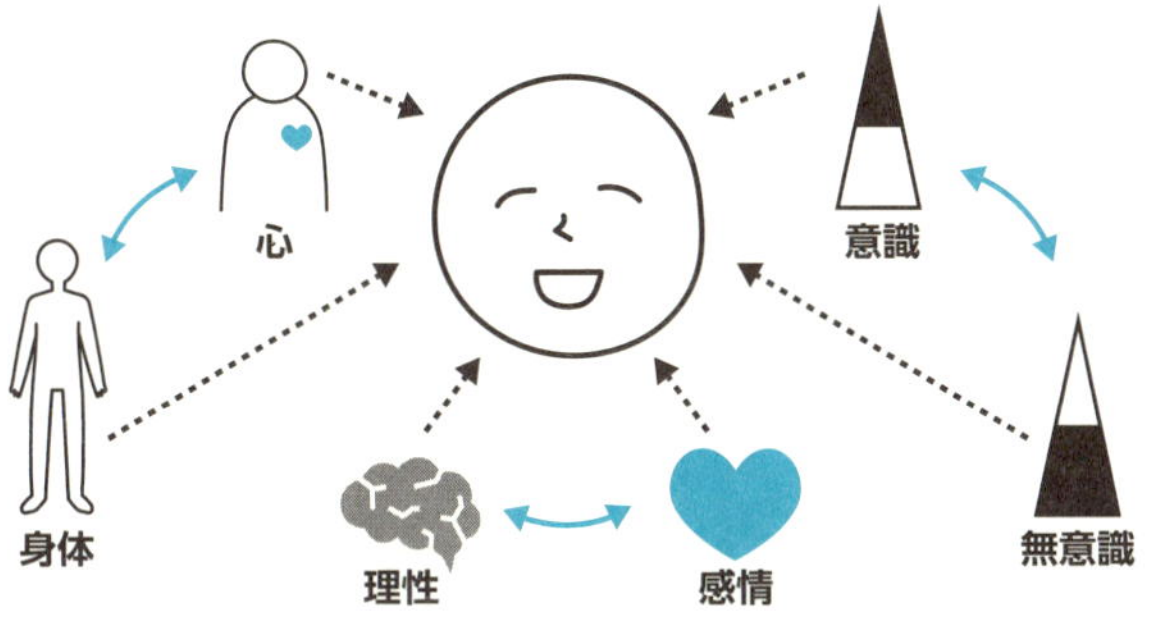

言い訳ができなくなる

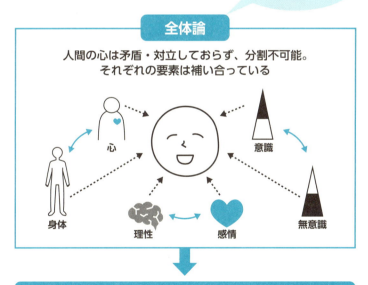

04

認知論

見方を変え、思い込みに気づき楽になろう

POINT❶ 人間は誤った思い込みをすることがある

POINT❷ 建設的で現実に即した共通感覚を養おう

私的論理による誤った思い込み

人間は出来事に対して、自分の視点で意味づけをするものです。たとえば、ガヤガヤしているカフェで勉強するとき、「快適だな」と感じる人もいれば、「うるさい」と集中できない人もいます。ご夫婦に新婚旅行の思い出について別々に聞くと、印象的な記憶はたいてい一致しません。こうなるのは、人によって視点が変わるからです。

人は過去の体験や、自分の好み、つまり自分だけのモノサシによって物事に意味づけし

てしまいがちです。この自分のモノサシを「私的論理」と呼びます。

私的論理はうまく機能する場合もありますが、日常生活で不適応を起こす場合もあります。つまり、私的論理で誤った思い込み（＝ベイシック・ミステイクス）に陥ってしまう可能性があるのです。

資格試験に落ちてしまったとき、「もっと勉強しなきゃ」と考える人もいれば、「自分は勉強なんかしても無意味」と諦める人もいます。

不合格が勉強法を見直すきっかけになるかもしれませんし、身につけた知識が仕事に役に立つかもしれません。試験に受からなかったからといって「自分は勉強しても意味がない」と決めつけるのは、誤った思い込みではないでしょうか。

共通感覚を持つことで世界が変わる

では、ベイシック・ミステイクスに陥らないようにするにはどうすればよいのでしょうか。重要なのは、共通感覚を身につけることです。

共通感覚とは、「健全、建設的であり現実に即した考え」のことです。自分のモノサシではなく、他の人の目で物事を見たり、考えたりすることと言ってもよいでしょう。

この共通感覚を身につけるには、自分のモノサシで意味づけしたモノの見方を、

「本当にそうなのだろうか？」

「証拠はあるのか？」

と疑ってかかることが大切です。

また、**自分の意味づけの癖を知っておくのは便利**です。悪い方向に意味づけしていることに気づき、共通感覚で見直すきっかけになります。そのうえで、**できるだけ建設的に物事を捉え直しましょう。**

共通感覚を身につけると、自分視点で考えていたときにはわからなかった、自分の思考のクセやゆがみに気づくことができます。そのことにより、激しい思い込みや「～すべき」「～ねばならない」などの縛りを解くことができ、生きることが少し楽になるのです。

共通感覚を身につけると、誤った思い込みや
極端な考えを手放すことができる

陥りやすいベイシック・ミステイクス

友達が遅刻した場合のベイシック・ミステイクス

❶決めつけ

どうせ次回も遅刻するんだろ！

起こってもいないことなのに勝手に決めつけてレッテルを貼る

❷誇張

君はしょっちゅう遅刻してばかりだな！

物事を悪い方に拡大解釈して大げさに誇張する

❸見落とし

友達の評判はいいのに…？
遅刻するダメ人間にいいところなんてない！
第三者

一部の悪い面だけを見ているので、他のよい面を見ようとしない

❹過度の一般化

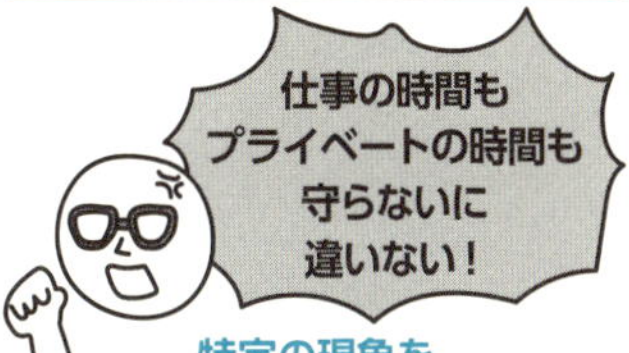
仕事の時間もプライベートの時間も守らないに違いない！

特定の現象を全般に当てはめてしまう

❺誤った価値観

遅刻するようなやつは人間失格だ！

理不尽で非論理的な価値観に陥る

共通感覚を身につけて思考のクセ・ゆがみから自由になろう

05

対人関係論

人は影響を与え合いながら生きている

POINT❶ すべての行動には相手役が存在する

POINT❷ 対人関係と目的に注目しよう

▼対人関係で他人を理解する

相手が「何を考えているのかわからない」と感じることがあるでしょう。そんなときに役に立つのがアドラー心理学の対人関係論です。対人関係論とは「人間のあらゆる行動には相手役が存在する」とするものです。

相手を理解しようとするときにやりがちなのが、相手の心を理解しようとすることです。それができればよいのですが、相手の心を見ることはできません。そのため、アドラー心

理学では、**相手の対人関係を観察して、相手を理解しようとする**のです。

たとえば、子どもの問題行動に手を焼く親は多いかと思います。しかし、いつも問題行動を起こす子どもは案外少なく、特定のシーンで、また特定の相手に対して起こすケースのほうが多いはずです。「家庭ではいい子だけれど、学校で先生に対して問題行動を起こす」といったケースがそれです。逆に家庭だけで問題行動を起こすという場合もあるでしょう。

自分自身はどうか、考えてみましょう。友人とは気軽に話せても、上司や憧れの人には緊張して言葉が少なくなるといったことはあるはずです。気軽に話せる自分も、緊張して会話が上手にできない自分も、両方が自分自身です。

つまり、**人は誰でも相手によって感情やふるまいが変わる**ということ。そうした相手と周囲の対人関係に注目することで、その人自身を理解できるようになります。

このときに注目するべきは、「その行動にどのような目的があるか」です。人間は必ずある目的を持って行動をします。相手に対して、「もっと愛してほしい」「注目してほしい」もしくは「復讐をしたい」など、目的はさまざまですが、すべての行動には相手があり、その相手ごとに目的が存在します。その**目的を理解することで、その人が「どのような場面でどんな行動をする人物であるか」が見えてくる**のです。

人との付き合いで自分を成長させよう

前の恋人と付き合っているときと、今の恋人と付き合い始めてからとでは、自分の性格が違って感じられた――そんな経験はないでしょうか。付き合う相手が変わると、趣味や話し方、行動が変わるといったことはよくあることです。

こうなるのは、人はお互いに影響を与え合いながら生きているからです。そう考えると、付き合う相手というのは大事なことがわかります。

勇気をくじく人と付き合うよりも、**勇気づけし合える人と付き合うほうが、健全な感情を持って、自分を成長させやすい**と言えるでしょう。

その人が対峙している相手と目的に注目すれば、その人のことが理解できる

目的によってふるまいは変わる

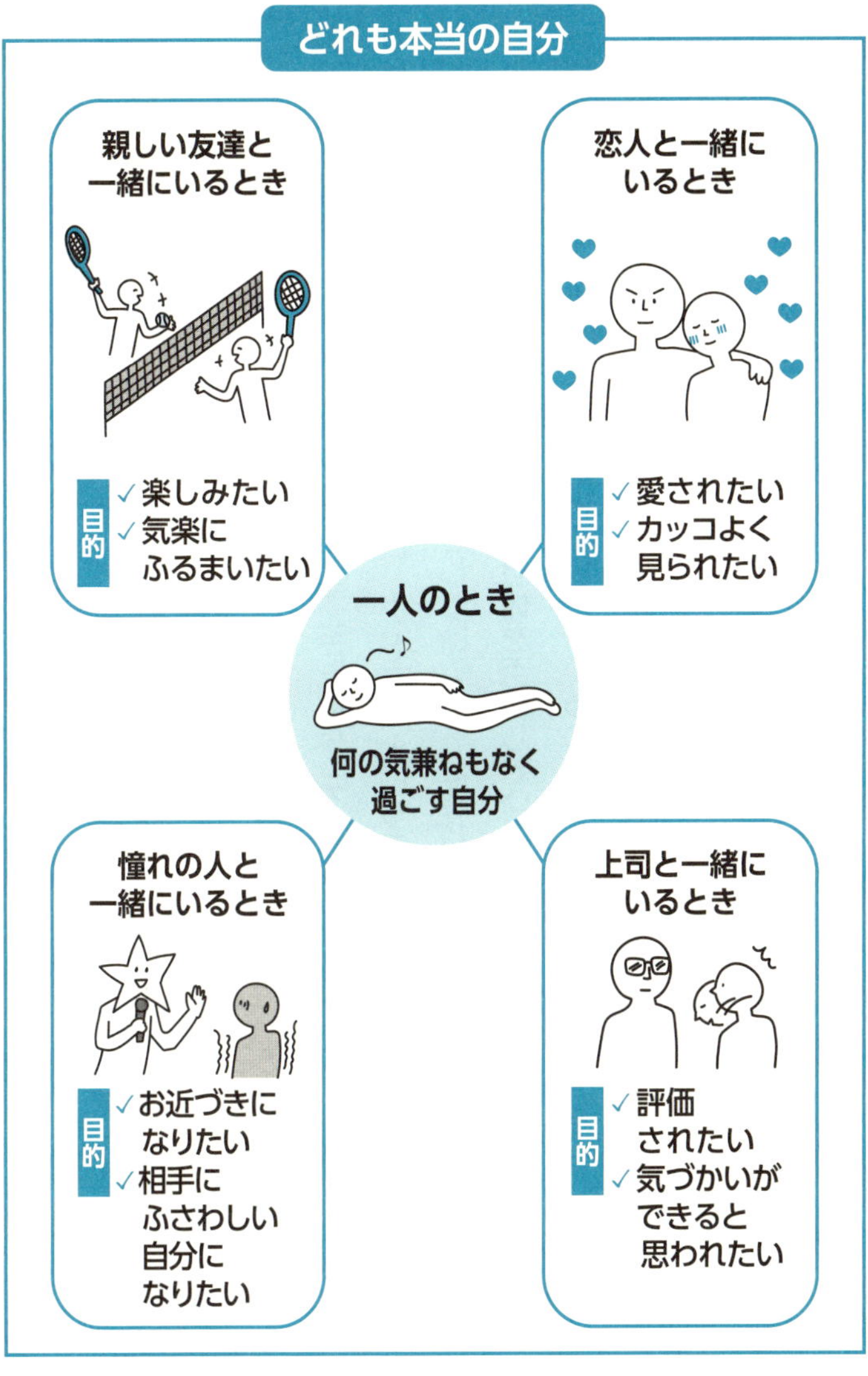
どれも本当の自分
親しい友達と一緒にいるとき
目的
✓楽しみたい
✓気楽にふるまいたい
恋人と一緒にいるとき
目的
✓愛されたい
✓カッコよく見られたい
一人のとき
何の気兼ねもなく過ごす自分
憧れの人と一緒にいるとき
目的
✓お近づきになりたい
✓相手にふさわしい自分になりたい
上司と一緒にいるとき
目的
✓評価されたい
✓気づかいができると思われたい

Column 3

アドラー心理学にトラウマは存在しない？

アドラー心理学では、原因論ではなく目的論で物事を見ようとします（88ページ）。そのことから、「アドラーはトラウマを完全に否定している」と主張する人もいますが、これは勘違いです。特に日本のみでは、アドラーという言葉とセットで、「トラウマは存在しない」というフレーズが一人歩きしているように感じます。

しかし、アドラーはトラウマそれ自体を否定しているわけではありません。過去の経験が影響因として存在していることを認めているのです（28ページ）。

アドラー心理学において重要なのは**「トラウマによって何かが決定することはない」**ということです。

アドラーの娘は、トラウマ研究の第一人者

アドラーの子どもに、アレクサンドラ・アドラーという女性がいます。彼女はトラウマ研究の第一人者と言われています。

１９４２年11月28日にボストンのナイトクラブで大きな火災があり、その治療者の一人がアレクサンドラ・アドラーでした。彼女は、生存者に対して面接をし、被害者が罪悪感や倫理観の欠如などで人格が変わってしまい、癒やしがたい悲しみを体験していることを報告しています。

また、事件から1年経過しても生存者のうちの50％が睡眠障害や神経過敏などを経験し、生き残ったことへの罪悪感や火に対する恐怖などが残っていることを報告しました。つまり、**トラウマの存在を広めた重要人物の一人は、アドラーの子どもだった**のです。

もしアドラーと娘のアレクサンドラが、日本では「アドラー心理学にトラウマは存在しない」と語られていると知ったら、ビックリするかもしれませんね。

アドラー心理学　マスタードリル❸

問1 世界がネガティブに見える場合どうする？

A 世界が悪いからあきらめる

B 自分の考え方を変えてみる

問2 自分の人生を決めるのは？

A 自分自身の決定

B 過去の出来事

答え
問題1　B　（→80ページ）
問題2　A　（→84ページ）

問3 未来志向はどっち？

A 原因論

B 目的論

問4 理性と感情など人間の要素は？

A 分けられる

B 分けられない

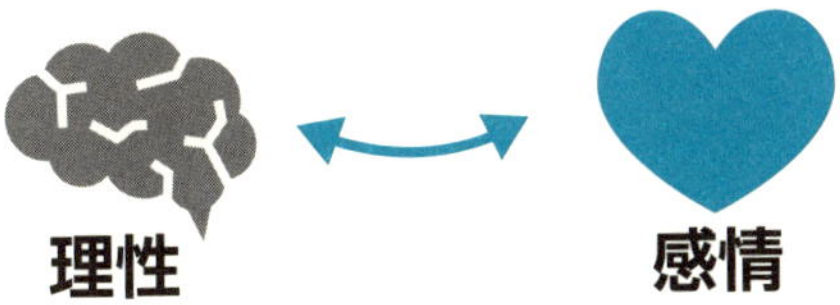

答え
問題3 B（→88ページ）
問題4 B（→92ページ）

問5　遅刻した友人はどんな人？

A ダメ人間でよいところなどない

B 他によいところがあるかもしれない

問6　相手を理解するにはどこに注目する？

A 相手の対人関係

B 相手の内面

答え　問題5　B（→96ページ）　問題6　A（→100ページ）

Chapter 4

勇気づけの技術を上手に使いこなそう

対人関係がうまくいく
アドラー心理学の実践方法

勇気づけで対人関係がうまくいく

勇気づけの3ステップ

ここまで、勇気づけの理論について学んできました。第4章では、主に人と関わるときの勇気づけについて紹介していきます。

人を勇気づけるのは、何のためでしょうか。

アドラー心理学は、多くの人が共同体感覚を持つ社会を理想とします。ですから、**勇気づけの最終目的は「共同体の役に立つように勇気づけること」**です。この最終目的に到達するためには、3つのステップを踏みます。

ステップ❶…相互尊敬・相互信頼の中で
ステップ❷…相手が自分自身を勇気づけられるように
ステップ❸…共同体の役に立つように勇気づける

勇気づけの3ステップ

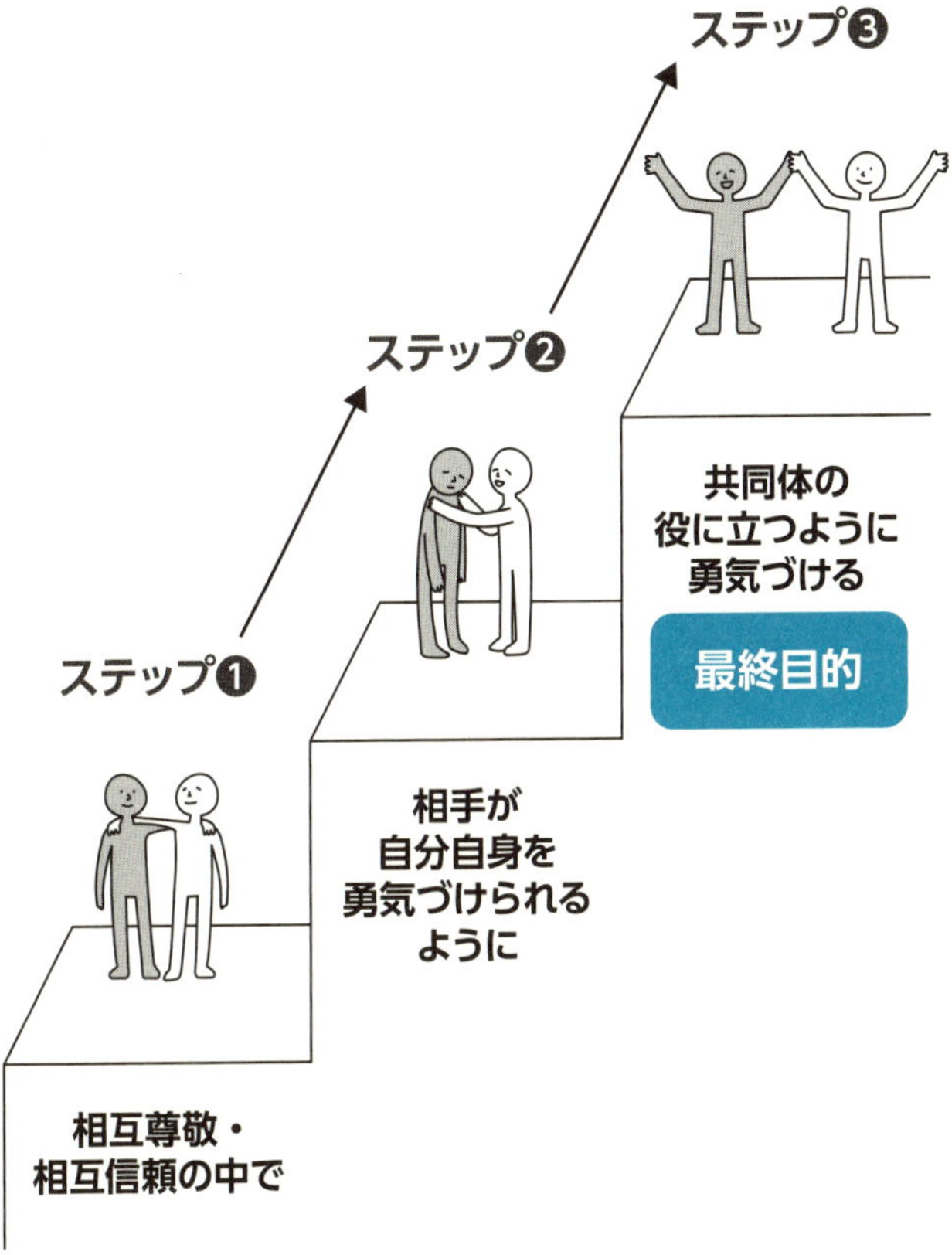
ステップ❸
ステップ❷
共同体の
役に立つように
勇気づける
最終目的
ステップ❶
相手が
自分自身を
勇気づけられる
ように
相互尊敬・
相互信頼の中で

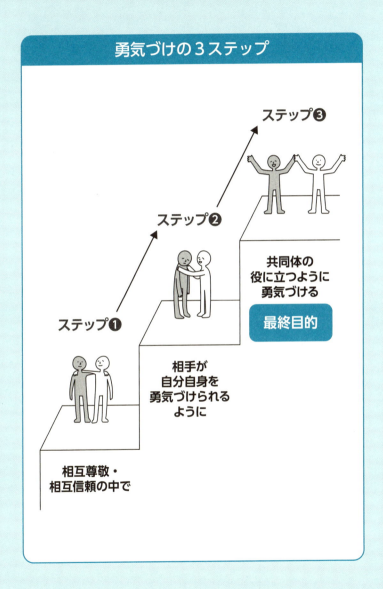

勇気づけと共同体感覚の関係

ステップ❶…勇気づけの前提条件です。**相互尊敬・相互信頼がなければ、どんなに勇気づけをしてもムダ**に終わってしまいます（66ページ）。

「尊敬」とは、日本語の尊敬より英語のリスペクトに近く、身近な人や自分より歳下の人も対象になります。尊敬の気持ちがあれば、相手に対して失礼なことはできません。

「信頼」は、無条件に相手を信じること。条件付きで信じる「信用」と違い、相手自身を信じることです。自分から先に信頼することが、相互信頼の第一歩です。

ステップ❷…**相手が自分自身を勇気づけられるように働きかける**ことです。

勇気づけは一過性の評価である「ほめる」と違って、相手の自立心を促すものです。つまり、自分自身を勇気づけられる人になるように支援するのです（70ページ）。

ステップ❸…勇気づけが最終的に目指すところです。勇気づけは共同体感覚を持つためのもの。**多くの人が共同体への貢献感を持てるようになれば、共同体はさらに発展し、人々は幸せを感じられます。** 勇気づけと共同体感覚は切っても切れない両輪関係なのです。

この章では勇気づけの3ステップを踏まえて、技術を紹介していきます。

勇気づけと共同体感覚

**勇気づけと共同体感覚は
切っても切れない両輪の関係**

01

「ダメ出し」と「ヨイ出し」

ダメに見える人でも「ヨイ行動」をしている

POINT❶ 適切な行動は目立たないため、見過ごされがち

POINT❷ ヨイ出しをすれば人間関係の好循環が生まれる

▼目につきやすいダメ、気づきづらいヨイ

私たちは、ついつい「ダメ出し」をしてしまいがちです。

「部屋が汚いなあ」

「積極的に電話に出ないとダメじゃないか」

「もっとマメに進捗状況を報告してくれないと困るんです」

など、無意識に言ってしまいます。家族や会社の人など、身近な相手のダメなところは

何かと目につきます。新入社員が入ってきた後などには相手のやることなすことに目がいき、ダメ出しをしがちかもしれません。

しかしアドラー心理学では、**ダメ出しだけでは成長を促せない**と考えます。反対に、「ヨイ出し」を積極的にすすめています。

「ヨイ出し」はダメ出しの逆の概念。相手の適切なヨイ行動に目を向けて、言葉に出して伝えることです。ヨイ行動というのは、いわゆる善行だけではなく「当たり前のことが当たり前にできていること」を指します。

不適切な行動をとっていると思われる人も、実際に行動全体から見ると不適切な行動はわずかです。問題行動に注目しているから問題のある人に見えるだけで、実はその人の行動はほとんど建設的で、適切なのです。

ヨイ行動は、目立たず、当たり前と思われるので見過ごされがちです。電話が苦手な新人でも、周囲の人へのあいさつは欠かさないかもしれません。しかし、あいさつは当たり前の行動と思われるため、クローズアップされないのです。

注目の大きな効果を知っておこう

ダメ出しより、ヨイ出しをすることのメリットは、**「人は注目されたことを伸ばす傾向がある」**ことから説明できます。

身近な例に公衆トイレがあります。昔と今の公衆トイレを思い浮かべると、今のほうがずっとキレイになったでしょう。この変化は清掃員の増員ではなく、「キレイに使っていただきありがとうございます」という貼り紙にヒントがあると言われています。昔は、「○○するな」「落書き厳禁」とダメ出しからの注意書きでした。

「あいさつが元気で気分がいいね！」と近所の人にヨイ出しの言葉をかけてもらうと、次からは元気のないあいさつがしづらくなります。**ヨイ出しで好循環が生まれる**のです。

これは自分自身に対しても同じ。自分にヨイ出しをすれば、自分をもっと好きになれるはずです。

ヨイ行動に注目して、勇気づけることで、人間関係がよくなる

ヨイ行動に注目する

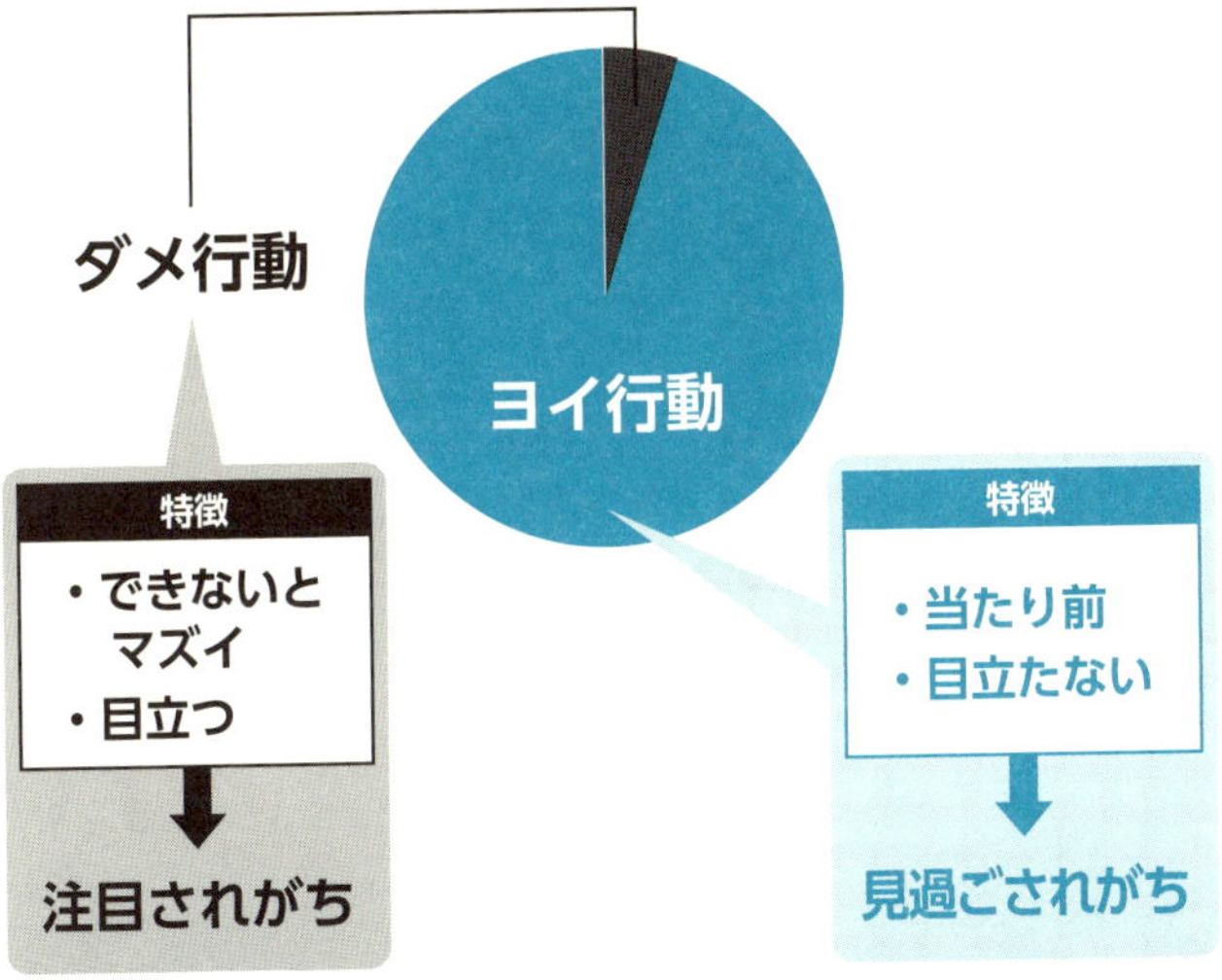

人は注目された部分が伸びる

感謝のブーメラン効果

02 感謝がよいスパイラルを生み出す

POINT❶ すぐにできる「感謝を言葉で伝える」勇気づけ

POINT❷ 感謝をすると相手に「貢献感」が芽生える

▼感謝を伝えると感謝が返ってくる

あなたは今日1日で何回、周囲の人に感謝の言葉を伝えたでしょうか。**感謝は勇気づけの中でもすぐに始められる方法**です。お金や時間をかけることなく、最も高い効果が期待できる方法でもあります。

というのも、**感謝にはブーメラン効果がある**からです。素直に「ありがとう」と伝えられて、嫌な気分になる人は少ないでしょう。感謝されて、嫌みを言われた気分になるなら、相手との関係性を見直す必要があります。健全な関係性があるなら、こちらが感謝を示せば、相手も感謝を感じてくれます。そのため、さらに人間関係がよくなるのです。

しかし日本人は感謝を伝えるのが苦手な傾向があります。自分のために相手がしてくれたことに対して、「すみません」と返していないでしょうか。本来「すみません」は謝罪の言葉です。**「すみません」が癖になっているなら、「ありがとう」に替えて、感謝を伝えましょう。**

「言わなくてもわかってもらえる」というのは傲慢な思い込みです。感謝は言葉にしないと伝わりません。

感謝から貢献感が芽生える

「感謝」と「謝罪」のもう一つの大きな違いは、「貢献感」が芽生えるかどうか、ということです。

あなたが両手に荷物を抱えて歩いていたとき、前の人がドアを押さえてくれたとします。そんなとき、「すみません」や「申し訳ありません」ではなく「ありがとうございます」と笑顔で感謝をすると、相手は「この人に貢献できたな」と感じることができます。なんだか気分がよくなり、「どういたしまして」とにっこりと笑顔を返してくれるでしょう。表情が変わらない人でも、心の中では微笑んでいるはずです。

私たち人間にはさまざまな欲求があります。食欲や睡眠欲など生きるための根源的な欲求にはじまり、安全に暮らしたい欲求から、集団に所属したい欲求へと、人間性の成長と共に、より高いレベルの欲求が生まれてきます。

中でも最も高い欲求は「他者を豊かにしたい」「誰かに貢献したい」という欲求です。**自分が何かをしたことによって、誰かに喜んでもらいたい――これは誰もが持ちうる高いレベルの精神的な欲求**です。あなたの「ありがとう」が、ドアを開けてくれていた人の貢献感につながり、お互いの勇気づけにつながるのです。

自分から感謝を始めることで、よいスパイラルが生まれる

感謝の効果

感謝のブーメラン効果

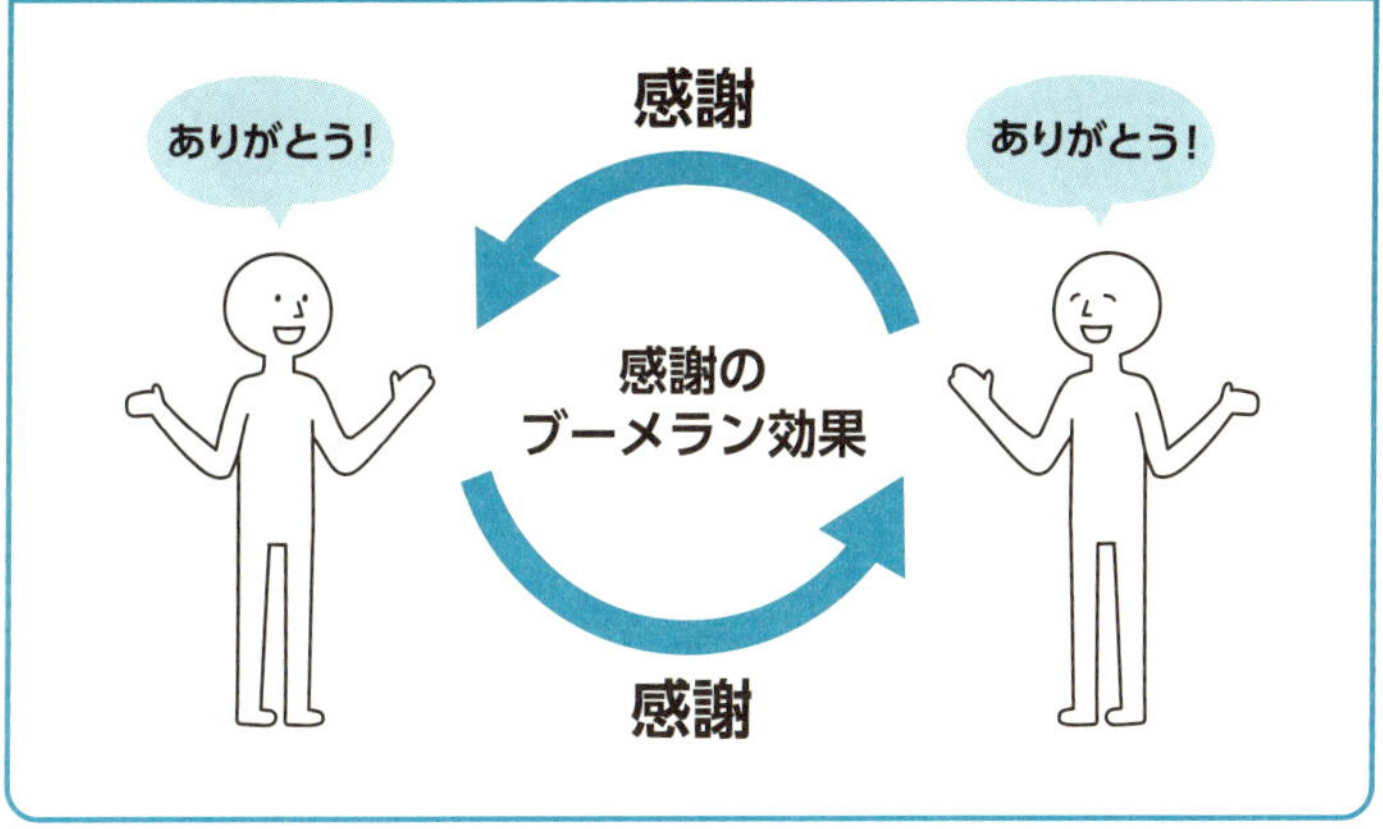

貢献感が生まれる効果

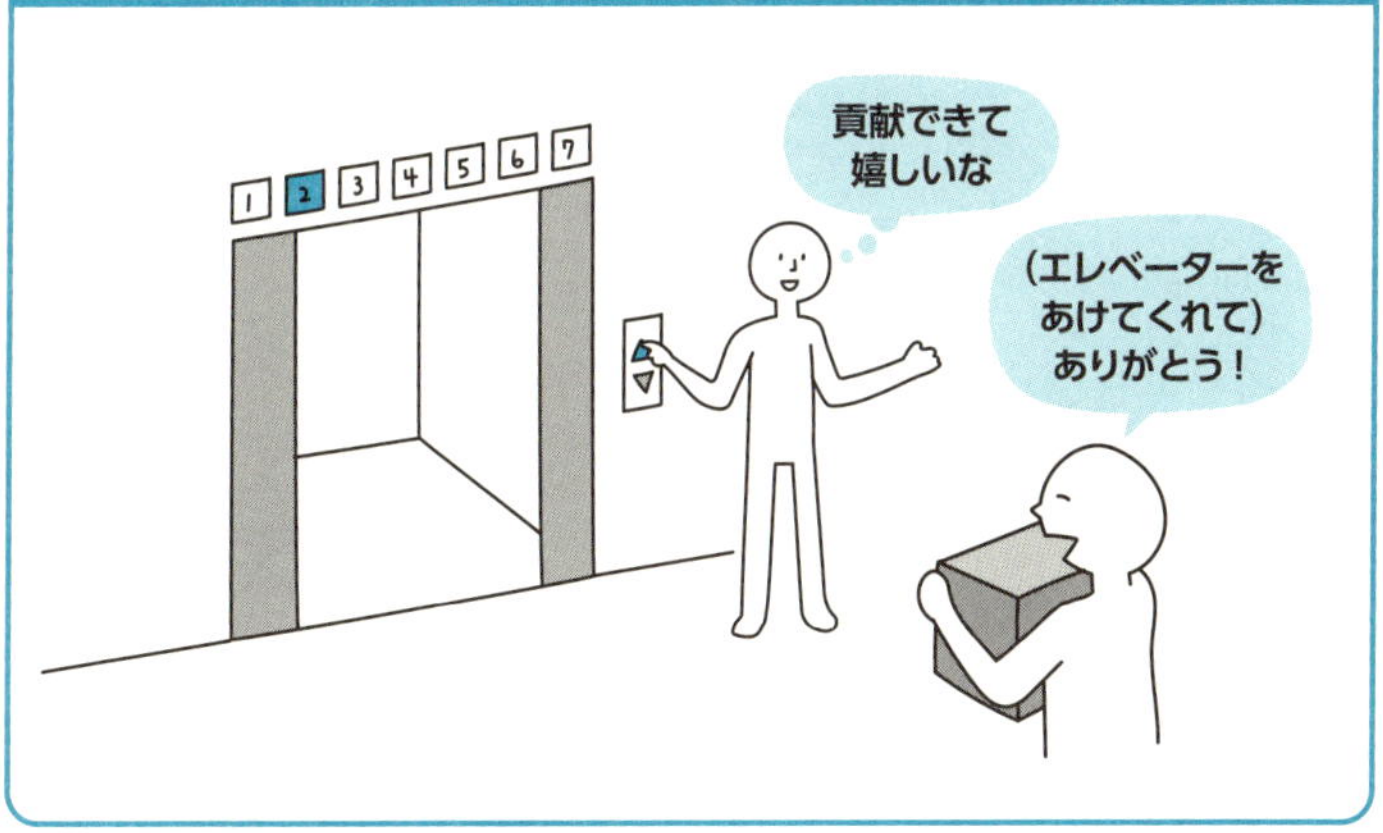

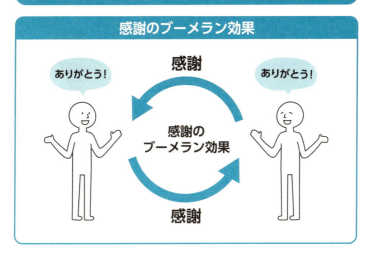

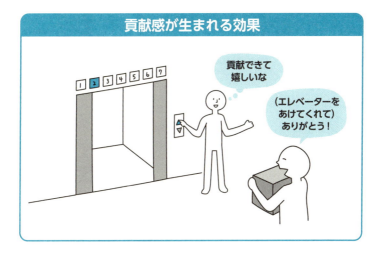

プロセスと成果のギャップ

03 まずは結果を気にしない

POINT❶ 成長プロセスに注目して、言葉をかける

POINT❷ 減点主義ではなく、加点主義の立場をとる

▼成果は時間差で表れる

新入社員や後輩に仕事を教えているときに「どうしてこんなことができないのだろうか」「昨日も言ったのに」とイライラしたことはないでしょうか。

考えてみてください。あなたが2年目の社員だとすると、新入社員よりも約2000時間ほど経験が多いはずです（8時間×250日）。2000時間も経験の少ない人に「できない奴だ」とイライラするのはそもそもおかしなことではないでしょうか。

また、「努力と成果は一致しない」という特徴もあります。たとえば人生初のアルバイトで洋服屋さんで働いたとしましょう。初日からなんでもこなせる人はほぼいません。身だしなみやあいさつ、掃除などアルバイト前には想像できなかったような基本から学ぶことになります。一生懸命努力しても、1カ月でバイト歴5年の先輩の接客や売り上げに追いつくのはどれほど難しいかを思い知ることになるはずです。たとえその先輩が何の努力もしていないように見えたとしても、です。

結果が出るまでの過程を先輩の視点から見てしまうと、どうしても「いまいち」と感じてしまいます。当たり前のことですが、結果が出るまでには継続した努力が必要なのです。

▼プロセス重視で成長を喜び合う

目に見える成果が出ていない人に対してどう接するべきでしょうか。答えは「プロセスを重視して勇気づける」です。つまり進歩や成長に注目して喜び合いましょう。

たとえば苦手としている報告書の提出を義務づけられているとします。そのとき、

「社会人のくせに学生みたいな文章だな」

「レポートの書式の基本はマスターしているみたいだね」

どちらを言われたほうが励みになるでしょうか。当然、後者のはずです。

これが進歩や成長に注目するということです。このような視点を持つには、**「加点主義」の立場に立つ**ことが必要です。

減点主義の立場に立つと、自分が期待する100点の成果でないと「いまいち」と感じてしまいます。仮に80点ならマイナス20点に注目してしまうのです。一方で加点主義なら、40点でも60点でもない、80点「も」とれている部分に注目するのです。

「進歩・成長に注目し、その進歩や成長を喜び、さらに伸ばしていこう」という考え方が加点主義なのです。

努力のプロセスを重視して、
相手に共感する態度で勇気づけしよう

努力と成果にはギャップがある

減点主義

上から“成果”を見て
「まだまだ！」と追い立てる

言葉がけの例

「まだまだできていないじゃない！」

「努力が足りないんじゃないの？」

「これしかできないのか」

「オレはもっとできたけどなあ」

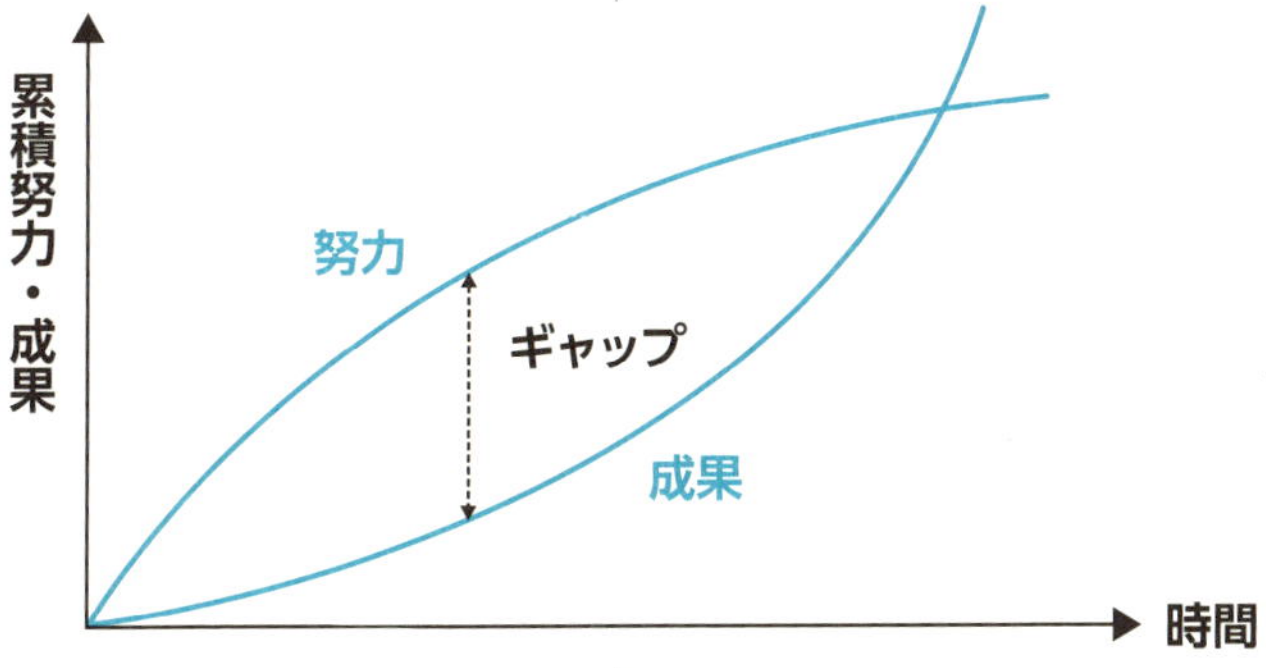

加点主義

下から成長を見て「成長してる！」と
共感する

言葉がけの例

「毎日努力している姿、見てるよ！」

「80 点もとれているじゃない！」

「○○ができるようになったじゃないか」

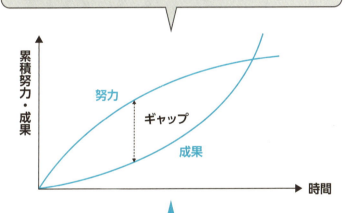

04 失敗の受け止め方で未来が変わる

POINT❶ 失敗を思い出したくない過去として封印しない

POINT❷ 失敗を肯定的に受け止めて、次の挑戦に活かす

誰もが失敗を経験する

失敗を経験しない人はいません。むしろ年を重ねるほどに失敗の数が増えていくこともあります。私たちは失敗と隣り合わせで生きています。

ハンカチを忘れた、というような日常のささいな失敗から、仕事上の大損害のような大失敗まで、さまざまな失敗があります。そうした失敗のたびに頭を抱えて立ち止まったり、逆に失敗を「なかったこと」にしていては、失敗を前向きに活かすことはできません。

失敗の受け止め方と対処の仕方

失敗したときは、「失敗したときの受け止め方」と「対処の仕方」が肝心です。

失敗の受け止め方には、次の5つがあります。

❶チャレンジの証

新しい挑戦に失敗はつきものです。成功の保証がないことに積極的にチャレンジした姿勢は、それだけで尊いものです。

❷学習のチャンス

「こうすれば失敗する」「この場合はこうしたほうがうまくいく」など、失敗から何かを学ぶことができれば、失敗は何ものにも代えがたい経験となります。

❸再出発の原動力

失敗すれば当然「悔しい」「情けない」という気持ちが芽生えます。その気持ちこそ「次こそは！」と再出発する原動力です。悔しさを感じなければ、再出発の力も湧きません。

❹大きな目標へ取り組んだ勲章

オリンピックで「メダルがとれなかった」と嘆く選手がいます。しかし、そもそも挑戦できるだけの器があったということです。代表選手の資格を得るだけでも十分すぎる勲章でしょう。

❺次の成功のタネ

失敗に真摯に向き合えば、反省点や改善点が見つかります。その気づきが、次の成功のタネになるのです。

また、もし失敗したことで誰かに迷惑をかけるようなことがあれば、その場しのぎの弁解はやめましょう。次の3ステップで取り組めば、失敗は無駄になりません。

❶謝罪…真摯に謝る
❷原状回復…失敗を元の状態に戻す
❸再発防止…同じ失敗を繰り返さないように策を検討・実施する

なお、失敗した人を「ほめる」ことはできなくても「勇気づける」ことはできます（70ページ）。失敗を肯定的に受け止められるように適切な言葉がけをしましょう。

失敗を「思い出したくない過去」と考えず、肯定的に受け止めて、向き合おう

失敗を肯定的に受け止める

5つの受け止め方

❶チャレンジの証

積極的に何かに挑戦した姿勢は、それだけで尊い

❷学習のチャンス

何かを学ぶことができれば、何ものにも代えがたい経験となる

❸再出発の原動力

失敗を原動力にしてまたチャレンジに向かうことができる

❹大きな目標へ取り組んだ勲章

そもそも大きな目標に挑戦できるだけの器があるということ

❺次の成功のタネ

失敗から学んだ反省点や改善点が次の成功のタネになる

他の人に迷惑をかけたら

❶謝罪

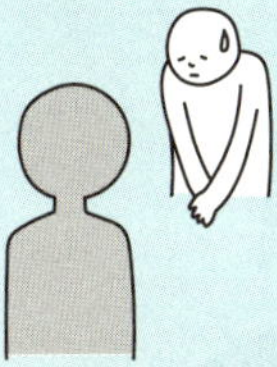

❷原状回復

❸再発防止

課題の分離

05 他人の課題に踏み込まず、自分の課題に集中する

POINT❶ コントロールできることと、できないことに分ける

POINT❷ 相手の課題が「共同の課題」になることもある

「できること」と「できないこと」

心が乱される出来事はさまざまありますが、その中身を見ていくと、「自分がコントロールできること」と「できないこと」に分かれます。たとえば、自分の態度や言葉は自分自身でコントロールすることができます。しかし、他人の態度や言葉はコントロールすることはできません。

「なんだか機嫌が悪そうだ」

「嫌われているんじゃないか」

などとビクビクすることはありませんか？

しかし、自分がコントロールできないことに思い悩むのは意味がありません。自分が取り組むことで変えられること、つまり**自分がコントロールできることに集中しましょう。**

これをアドラー心理学では**「課題の分離」**と呼びます。

元プロ野球選手の松井秀喜さんは、「観客が試合を見てどう思うかはコントロールできない。しかし全力でプレーをし、結果を残していればブーイングは拍手に変わる」と自身の考えを披露していたことがあります。

これが自分がコントロールできること（松井選手の場合は、自分のプレー）に集中するということではないでしょうか。

他にも、試験を受けるときに出題される問題をコントロールすることはできません。しかし、試験範囲をマスターするための努力はできます。

このように、**課題を分離して考えれば、自分が成すべきことがわかる**わけです。また他人の課題におせっかいに踏み込まない姿勢が大切です。他人を変えようとするのは関係をこじらせてしまうことにもつながるからです。

相手との共同の課題

相手の課題について、協力や助けを求められることはあります。また、課題を抱えている人に勇気づけを行うべきときもあるでしょう。このような場合には、**相手の課題が自分との「共同の課題」**となります。つまり、いずれにせよ自分の課題の克服に努めればよいのです。

もちろんある程度のラインは必要です。「ここまでは協力できる」「ここからはできない」と線引きしておかないと、責任の所在があいまいになり、かえって人間関係にヒビが入る可能性もあるでしょう。

「課題の分離」「共同の課題」のどちらも、境界線を見極めて踏み込みすぎないこと。自分が何を成すべきかを判断しましょう。

他人の課題に踏み込むと人間関係をこじらせる。
境界線を見極めること

課題の分離と共同の課題

課題の分離

最終的に責任が誰にどうふりかかるか

他者＝コントロールできない

思い悩むことに意味はない

自分＝コントロールできる

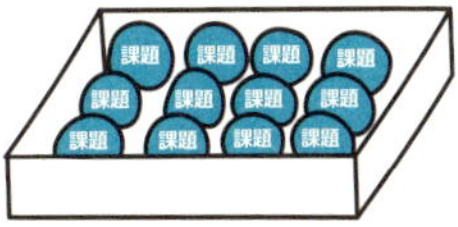

集中して取り組む

共同の課題

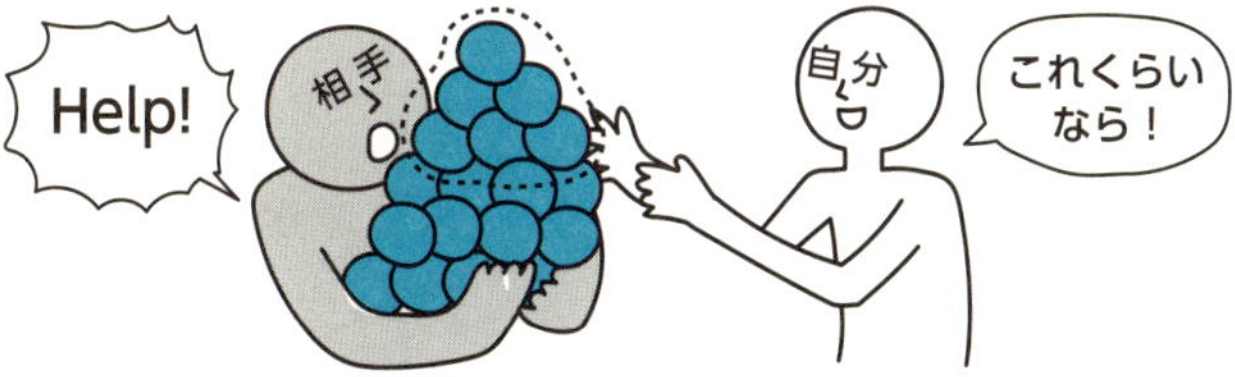

協力できる範囲を明確にして課題の克服に協力する

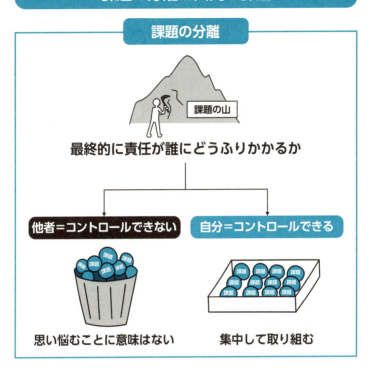

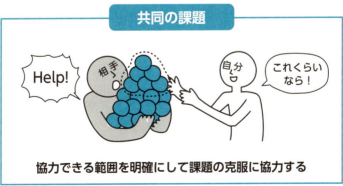

I（私）メッセージ

06 人への注意は「I（私）メッセージ」で

POINT❶ 注意を与える目的を確認して、冷静に伝える

POINT❷ 勇気くじきを避ける言い方をする

注意を与えるのは悪いことではない

子どもや部下、友人などがよくない行動をとっているときなど、どうしても相手に意見をしたり、注意すべき場面があります。こうした場面では、どうしても「勇気くじき」（50ページ）をしかねません。

勇気くじきを恐れて、注意を怠るのは問題です。相手のよくない行動を見過ごすわけにはいきません。

とはいえ、感情的に叱りつければ、当然相手は反発します。まずは注意を与える目的をしっかり理解して、理性を保ちましょう。次の3つの目的があるなら、注意すべきだと考えてよいでしょう。

❶思わしくない行動や習慣を改めさせる

まずは相手に自分の行動や習慣を「よくないこと」と認識させて、改めさせることが注意を与える目的です。

❷相手を成長させる

相手の可能性を引き出し、さらに成長させる目的で注意を与えることです。

❸やる気を起こさせる

やる気を失っている人に、やる気を起こさせる目的で注意を与えることです。

主語を自分にしてソフトに伝える

勇気くじきを避けつつ相手の行動変容を促すためには、**「YOU（あなた）メッセージ」ではなく、「I（私）メッセージ」で伝える**のがコツです。

YOU（あなた）メッセージとは、主語が「あなた」の表現です。たとえば、相手に注

意などを与える際に
「君は本当にいいかげんだな」

「あなたってそういう人だよね」

などと表現するのが、その例です。

一方、**I（私）メッセージの主語は「私」**です。相手に注意を与える場合に
「もう少し柔らかい言い方だと私はうれしいな」

「早く来てくれると（私は）助かる」

「それを止めてくれると（私は）ありがたいです…」などと伝える方法です。

日本語は主語を省略できることが多いので、普段気に留めることが少ないかもしれません。でも、**「バカだな」「ふざけるな」はYOU（あなた）メッセージであり、「がっかりしたよ」「残念だよ」はI（私）メッセージ**である、という意識を持ってみてください。

他者を批判するのはほぼYOU（あなた）メッセージであることに気づけるはずです。

感情的に注意すると、反発されてしまう。勇気くじきをしないよう冷静になろう

注意するときに気をつけること

目的

❶思わしくない行動や習慣を改めさせる

❷相手を成長させる

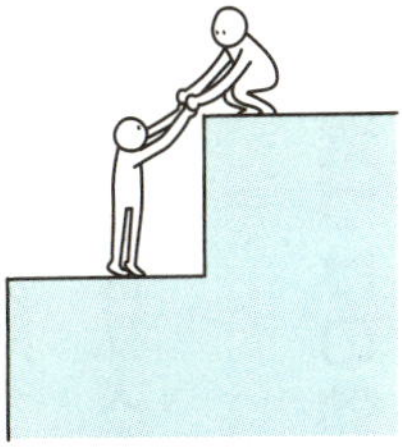

❸やる気を起こさせる

しっかりふまえる

自分が冷静になる

勇気くじきを避ける

YOU（あなた）メッセージ ✕

「（あなたは）本当にダメだな」

「（あなたは）みんなに迷惑ばかりかけているよね！」

「（あなたは）どうして、そんなに意地っ張りなの!?」

I（私）メッセージ ○

「（私は）次回は違うやり方を試してみてもいいと思うな」

「○○してくれると（私は）うれしいな」

「あなたのその言い方（私は）ショックだな」

拡大表現と限定表現

07 大きく肯定し、小さく否定しよう

POINT❶ 表現次第で勇気づけの効果はさらに高まる

POINT❷ 肯定は拡大表現、否定は限定表現で伝えよう

拡大表現で勇気づけの効果を高めよう

勇気づけは、表現の違いで効果が変わります。勇気づけの効果を高める表現法に、拡大表現と限定表現、可能性表現があります。

・拡大表現

拡大表現とは、相手を肯定するときに使う表現です。**複数の箇所を肯定したり、「いつも」「とても」などの副詞や肯定的な形容詞で勇気づけをより拡大して表現**します。

「勉強する姿に感動したよ」

これだけでも勇気づけとして十分でしょう。しかし、より勇気づけの効果を高めるには、次のように表現するといいでしょう。

「毎日欠かさず勉強し、家事もきちんとこなす姿にとても感動したよ」

限定表現・可能性表現で勇気くじきを避けよう

一方で、相手に否定的な内容を伝えなければならないときもあります。そのときは、相手の勇気をくじかない表現をすることが大切です。「I（私）メッセージ」はそのような表現法の代表例です（134ページ）。

・限定表現

限定表現も、勇気くじきを避ける表現法の一つです。相手に否定的な内容を伝えるときに、**話題をある事柄のみに限定し、また内容を限定するような副詞や形容詞を使います。**

「あなたは、ときとして掃除をサボるときがあるね。そのことを周りのみんなも少しだけ不快に思っているみたいなんだよね」

逆に、勇気をくじいてしまうのが、拡大表現で相手を否定することです。

「君は、いつも掃除をサボっているね。ただでさえ何も手伝いしないのに。周りのみんなもとてもウンザリしてるよ」

・可能性表現

また、否定的な内容を伝える際にもう一つ気をつけなければならないのは、「断定的表現」を使わないことです。

「みんな、君の行動を不快に思っているに決まっているよ」

このように伝えてしまうと、相手の勇気をくじいてしまいます。そこで、「可能性表現」を使いましょう。

「みんな、君の行動を不快に思っているかもしれないよ」

断定ではなく、あくまで可能性を伝えることで、相手のプライドを尊重できます。

表現を工夫することで、
勇気づけの効果を高めよう

表現を工夫して、勇気づけの効果を高めよう

拡大表現

毎日欠かさず　肯定する箇所を増やす

勉強する姿に 感動したよ

とても　拡大することばをつける

限定表現

○日と○日に　限定することばをつける

君は~~いつも~~掃除をサボっているね。

~~ただでさえ何も手伝わないのに~~

削除　話題の事柄以外の文を入れない

可能性表現

みんな、君の行動を不快に

思っている~~に決まっているよ~~

かもしれないよ　断定しない

Column 4

アドラーはフロイトの弟子だった？

三大心理学者と呼ばれるフロイトとアドラーですが、フロイトが原因論を唱えたのに対して、アドラーは正反対の目的論を提唱しました（88ページ）。そのため二人は完全に対立しているようにも見えますが、実は**元々二人は共同研究者で、フロイトはアドラーのことを高く評価していました。**

二人が知り合うきっかけは、フロイトの本の書評をアドラーが書いたことです。今ではフロイトの代表作とも言われている『夢判断』ですが、出版当初はあまり評判がよくありませんでした。しかし、そのような状況で、アドラーは『夢判断』を絶賛する書評を書きました。その内容がフロイトの目にとまり、一緒に研究をしないかとフロイトの精神分析学会に誘われたのが、二人の関わるきっかけだったと言われています。

フロイトとアドラーが別れた理由

結果的に、アドラーは意見の相違からフロイトのもとを去りました。

フロイトは、リビドー説を唱えていました。人間のモチベーションはすべて「性的エネルギー」だと主張したのです。しかし、アドラーは「力を求めて優越であろうとする努力」が人間のモチベーションだと主張しました。お互いに意見を譲らなかった結果、1911年にアドラーは精神分析学会を離脱し、フロイトと訣別したそうです。

同じ学会で勉強していたことから、アドラーはフロイトの弟子と言われる機会も多かったのですが、そのことについてアドラー本人は『生きる意味を求めて』（岸見一郎訳、アルテ）のなかで次のように述べています。

「フロイトと彼の弟子たちは、明らかに自慢するように、私がフロイトの弟子であったということを大いに好む。私が精神分析のサークルでフロイトと大いに論争したからである。しかし、私は一度もフロイトの講義に出たことはないのである。」

アドラー心理学　マスタードリル❹

問1 勇気づけの最終目的は？

A 自分勝手な人が増える

B 共同体の役に立つ

問2 注目すべきポイントは？

A 直すべきダメなところ

B 当たり前だが適切な行動

答え
問題1　B　（→110ページ）
問題2　B　（→114ページ）

問3 感謝を伝えると相手はどう感じる？

A 貢献感を持てる

B 残念な気持ちになる

問4 重視すべき点は？

A プロセス

B 結果

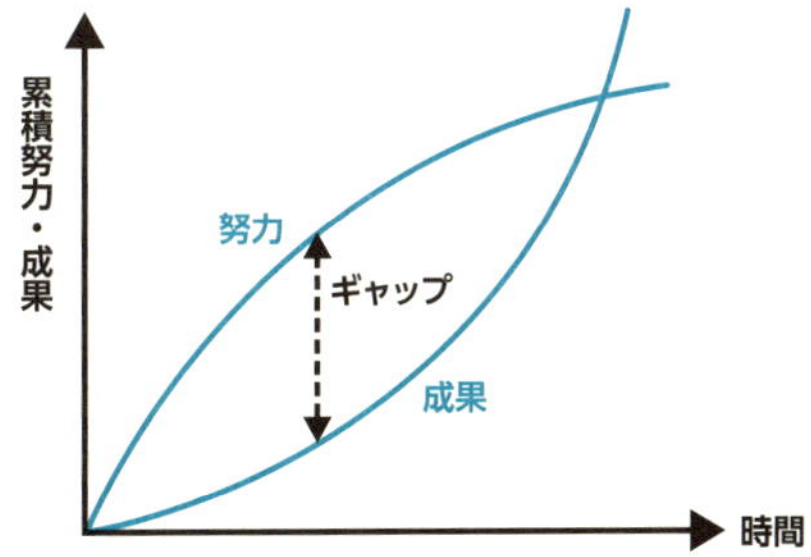

答え
問題3 A （→118ページ）
問題4 A （→122ページ）

問5　失敗しないためにどうする？

A　新しい策を検討・実施する

B　挑戦をやめる

問6　相手に注意するとき、有効なのはどっち？

A　「別のやり方を試してみてもいいと思うな」

B　「頭を使いなさい」

答え
問題5　A　（→126ページ）
問題6　A　（→134ページ）

Chapter

5

幸せを感じるため目指すべきゴール、共同体感覚

人は共同体への
所属感・貢献感で幸せを感じる

すべての人は何らかの共同体に属している

アドラー心理学に欠かせない価値観

これまでも紹介しましたが、**「共同体感覚」はアドラー心理学の中で欠かせない価値観**です。共同体感覚とは、自らが帰属する共同体に対する所属感・安心感・信頼感・貢献感を総称した感覚・感情であり、**精神的な健康のバロメーター**です（152ページ）。

人間は一人では生きられません。現代人の私たちは、夫婦、家族、学校、サークル、職場、地域社会など何らかの共同体、また複数の共同体に属して生きています。ドイツの社会学者F・テンニエスは、社会を「共同体」と「機能体」のふたつに分けています。**共同体の代表は、家族や地域社会**です。居心地のよい、水入らずの関係を目的とします。

一方で、**機能体は外部目的の達成を目指していて、代表的なのが企業**です。

ただし、日本の場合は少し趣を異にしています。終身雇用が守られていたバブル崩壊以

時間軸で見た共同体

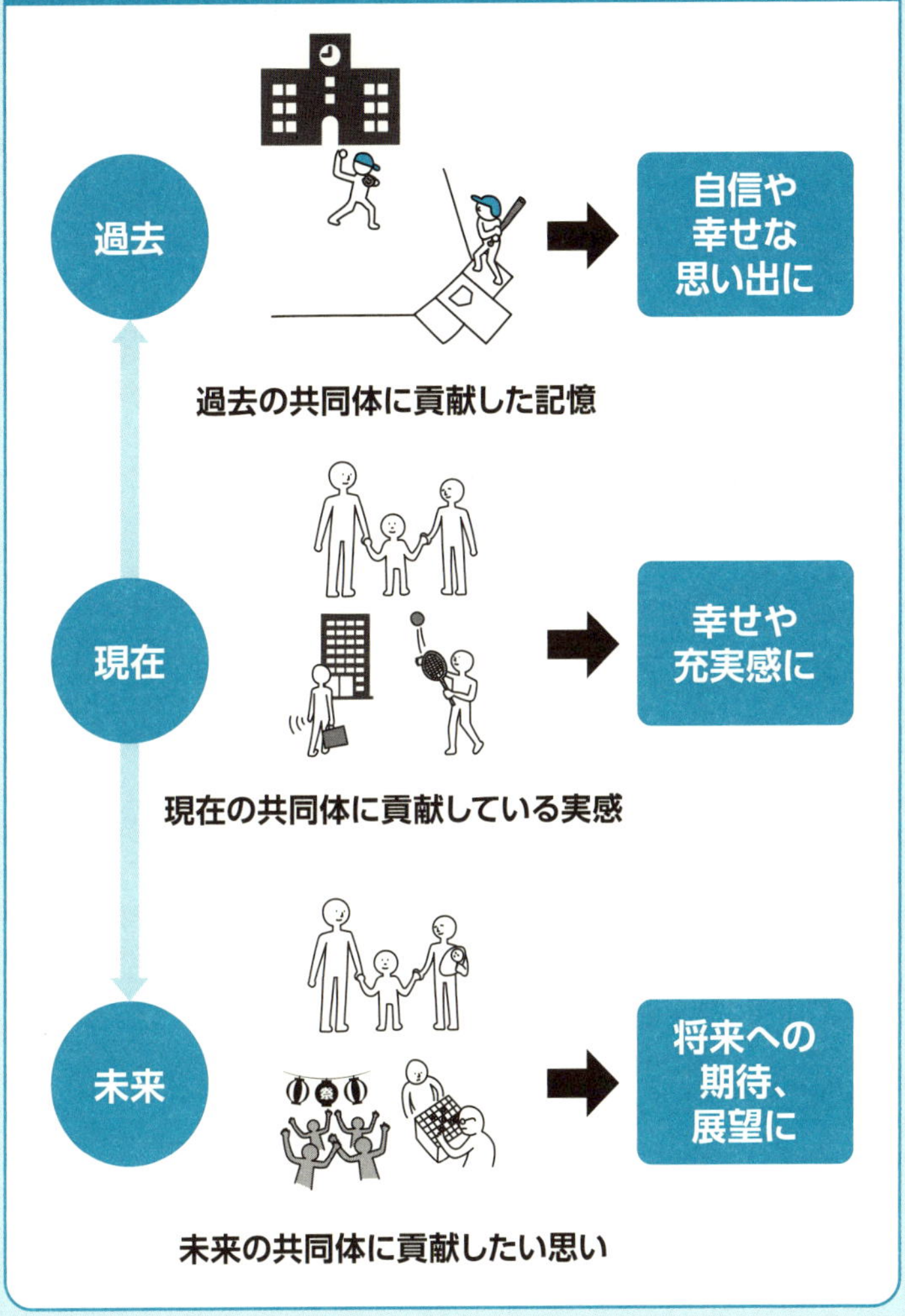
過去
自信や
幸せな
思い出に
過去の共同体に貢献した記憶
現在
幸せや
充実感に
現在の共同体に貢献している実感
未来
祭
将来への
期待、
展望に
未来の共同体に貢献したい思い

前の日本では、企業がファミリー的な存在であり、帰属意識も高く、機能体でありながら共同体的な存在でもありました。社員旅行や運動会などでお互いの親睦を深め、社員の結婚では上司が仲人を務めることも珍しくありませんでした。

しかし、バブル崩壊以降の成果主義によって、このファミリー感は失われました。ところが現在、再び企業には人の絆が求められています。**人と人、人と職場の絆によってチーム力が高まり仕事が充実することがわかってきた**からでしょう。この絆こそが、私たち日本人が取り戻した共同体感覚と言えるのです。

理想の社会を目指す共同体感覚

共同体感覚を持つ、ということは、ベタベタした関係の「仲良しグループ」を作ることでも、なあなあの関係を築くことでもありません。共同体に属する人達にどんな貢献ができるか、何ができるかを考えることです。そのためには、年齢や性別、職業、趣味、国籍関係なく相互尊敬・相互信頼することが必要となります。

同じ課の人達とは趣味も年齢も違うけれど、この人達と一緒に仕事ができてうれしい、自分はどう貢献できるかな、と思えることこそが共同体感覚です。

共同体と機能体

	共同体	機能体
目的	居心地のよさ 	外部目的の達成 
尺度	固さ 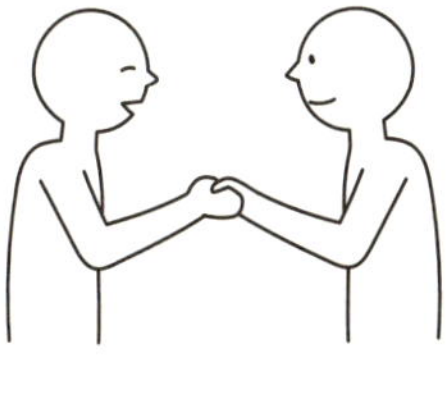	強さ 

共同体

01 共同体感覚は精神の健康を測るバロメーター

POINT❶ どんな人でも共同体感覚を持てる

POINT❷ より大きな共同体の視点で考える

より大きな共同体からの視点を持つ

アドラーが共同体感覚を重視したのは、戦争経験が発端と言われています。第一次世界大戦時、アドラーは精神科医として従軍した際、戦争は共同体感覚を悪用するものであると感じたからです（『アドラー心理学入門』H・オーグラー）。

戦争の際、指導者は「国の団結」を高らかに宣言し、「我らの国」を侵す「敵」を「一致団結」して倒そうと喧伝するものです。国という共同体の利益のために他の共同体を滅

ぼそうとするわけですが、これはアドラーが説いた共同体感覚の本質とは離れています。

現代でも似たようなことは起きていないでしょうか？

たとえば家族の絆を大切にするには、思いやりや尊重が大切なことは誰にとっても理解できることでしょう。

とはいえ、家族のだんらんを大切にするために、深夜まで騒々しくカラオケ大会をしたらどうなるでしょうか。家族は共同体ですが、地域も共同体です。家族の利益のために地域を犠牲にするのは、おかしなことです。

家族と地域はどちらも大切な共同体ですが、対立するものではありません。家族は地域の中に包括されるものです。

自分の国のために他国や地球を犠牲にするわけにはいかないのは同じ理屈です。つまり、**戦争は「国家」という共同体を優先するあまりに、より広い「世界」という共同体に貢献していない**と考えられるわけです。

共同体という概念を知ると、「より広い視点で考える」ことの大切さが理解できます。

たとえば上司とそりが合わないときには、「嫌だ」という感情に目が向きがちです。そんなときは、部署、職場、会社という、より広い共同体から物事を見るとよいのです。**視点**

を高く持ち、視野を広げることで、対立や矛盾のない解決に近づくことができるのです。

誰もが共同体感覚を持てる

人間は、野生動物に対して不利な身体能力しかありません。生存のために協力を学び、共同体感覚を身につけてきました。その意味では、人は誰しも共同体の一員になり、貢献することができる能力を持っているはずです。

もし共同体への所属感や貢献感を持てず、「職場に行きたくない」「家族から離れたい」と感じているなら、精神的に不健康な状態かもしれません。共同体感覚は精神の健康を測るバロメーターとも言えるわけです。

身近な共同体への貢献が、
より広い共同体への貢献になるとは限らない

行動が適切か考える

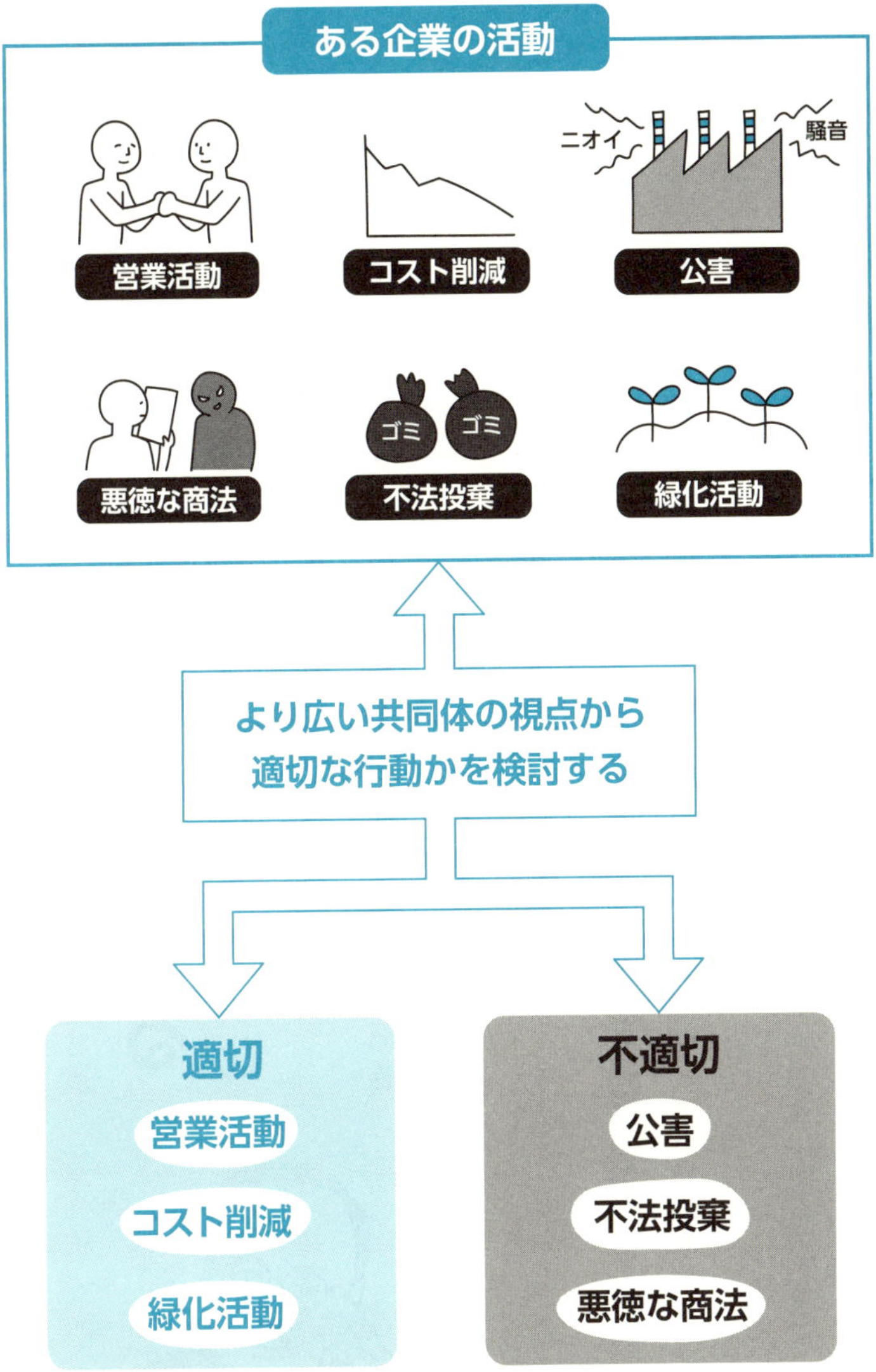
ある企業の活動
営業活動
コスト削減
ニオイ
騒音
公害
悪徳な商法
ゴミ
ゴミ
不法投棄
緑化活動
より広い共同体の視点から
適切な行動かを検討する
適切
営業活動
コスト削減
緑化活動
不適切
公害
不法投棄
悪徳な商法

02
「貢献感」で人生は充実する

POINT❶ 共同体感覚は人生を幸せに導くカギ

POINT❷ ライフタスクに対峙する際にも共同体感覚が必要

共同体感覚を持たない人は孤立する

共同体感覚とは「共同体に対する所属感・信頼感・共感・貢献感を総称した感覚・感情」のことです。自分が共同体の一員であり、共同体に貢献しよう、周囲の人と協力し合おうとする気持ちや態度のこととも言えます。

私たちは、他者の役に立っているときに、自分の価値を心から実感でき、充実感を感じます。**共同体感覚は人生を幸せに導くカギ**となるわけです。

一方、共同体感覚に欠ける人をアドラー心理学では「建設的ではない行動をとる」としています。**共同体感覚が欠けていると、他者に関心が持てず、他者と協力したり、他者に貢献しようとする気持ちも持てません。**それゆえにグループからは徐々に孤立していきます。自分に対する関心のみ強くなり、他者への関心が低いため、視野が狭くなってしまいます。そのため、建設的でない行動をとる可能性が高くなるわけです（50ページ）。

一方で、共同体感覚を持つ人は次の5つの特徴を備えています。

❶共感
❷所属感
❸貢献感
❹相互尊敬・相互信頼
❺協力

この特徴は、勇気づけの前提条件とかなりの部分で重なります。勇気づけと共同体感覚が両輪であることの表れと言えるでしょう（113ページ）。**勇気が十分に根付いていれば、共同体感覚も育っていく**とも言えます。

ライフタスクとの関係は？

アドラーは、人生で出会う3つの課題（ライフタスク）を❶仕事のタスク、❷交友のタスク、❸愛のタスクとしています（20ページ）。これらのライフタスクに向き合うには、共同体感覚が欠かせません。

仕事仲間とも、友人とも、そしてパートナーや家族とも、程度の度合いは違っても一緒にいることに居心地のよさを感じたり、相手を信頼したり、**相手のために自分は何ができるだろう、という気持ちを持てるかどうかが大切**です。

アドラーも、3つのライフタスクに直面してこそ勇気が問われると考え、

「正常な人は、人生の課題と困難がやってきたときに、それに対処するに十分なエネルギーと勇気を持っている」

としています。**勇気と共同体感覚があれば、困難を乗り切れる**のです。

勇気で満たされている人は、自然と共同体感覚を持てるようになる

「共同体感覚を持つ人」の5つの特徴

❶共感

仲間の関心に
自分も関心を持っている

❷所属感

自分は所属グループの
一員だという
感覚を持っている

❸貢献感

仲間のために
積極的に
貢献しようと
する

❹相互尊敬・相互信頼

関わる人達と
相互に
尊敬・信頼
し合う

❺協力

すすんで
協力しようと
する

人間関係

03 人間関係がうまくいく6つの姿勢

POINT① すべての人と100点満点の関係を築ける人はいない

POINT② 理想的なゴールに向かおうとする姿勢が大切

全員に好かれる人はいない

アドラー心理学では「人間の悩みはすべて対人関係である」としています（16ページ）。共同体感覚には良好な対人関係が欠かせませんが、同じ共同体にどうしても好きになれない人がいることで悩んでいる人は多いでしょう。

人と人との相性には「2対6対2」という法則があると言われています。**相性のよい人が2割、普通の人が6割、悪い人が2割という法則**です。つまり、どんな共同体に所属しているとしても2割程度の人は好きになれないものなのです。

では、相性が悪い人とはどう付き合えばいいのでしょうか。まずは自分が気にするほど相手は自分を気にしていないと知ることです。また、**ある程度の割り切りも必要**です。その相手はあなたが本当によい関係を築きたい相手でしょうか？　もし「別にそれほどでも…」というのであれば、**相手と距離を置く、というのも選択肢のひとつ**です。

アドラー心理学が示す6つの姿勢

すべての人と100点満点の関係を築ける人はいないでしょう。しかし、ある相手と本当によい関係を築きたいのであれば、次の6つの姿勢が求められます。

❶相互尊敬

相手の尊厳を大切にし、礼節をもって接することです。

❷相互信頼

「いい会社に勤めているから」「高学歴だから」「美人だから」等の条件ではなく、相手のありのままを無条件に信頼することです。

「相手が自分を尊敬・信頼したから自分もする」ではありません。自分から先に、より強く尊敬・信頼することが求められます。

❸協力

同じ目標に対する参加意欲があり、コミュニケーションがとれることです。

❹共感

相手の考え方、意図などに関心を持つことです（194ページ）。

❺平等

違いを受け入れ、対等の存在と認めることです。各人の最大限の自由を許容します。

❻寛容

価値観は絶対的なものではありません。自分の価値観で他者を測ったり、押しつけたりしないことが大切です。意見が異なる人がいるなら、事実と意見を分けて、相手の意見を「そういう見方もある」と受け止めましょう。

相互尊敬、相互信頼、協力、共感、平等、寛容。6つの姿勢がよりよい人間関係を築く

よい人間関係を築く6つの姿勢

① 相互尊敬

年齢・性別・職業・役割・趣味は違っても、人間の尊厳には違いがないことを受け入れ、礼節をもって接する

② 相互信頼

相手の行動の背後にある善意を見つけようとし、無条件に信じること。行為と、行為者を区別する

③ 協力

目標に向けて仲間と合意できたら、共に問題解決に向けた努力をする

④ 共感

相手の置かれている状況、考え方、意図、感情、関心などに関心を持つ。相手の目で見て、相手の耳で聞き、相手の心で感じる

⑤ 平等

各人の違いを受け入れつつ、対等の存在と認め、各人の最大限の自由を許容する

⑥ 寛容

自分の価値観は絶対的なものではないことを知り、他者に押しつけない。意見を意見として受け止め、批判・非難とみなさない

精神的な健康

04 いつも幸せな人が大切にする6つのポイント

POINT❶ 自分自身の長所も短所もありのままに受け止める

POINT❷ 自分の居場所があることに安心感を感じる

精神的な健康を測る6つの条件

152ページで、共同体感覚は精神的な健康を測るバロメーターになると紹介しました。では、「精神的に健康」とは、どういう状態を指すのでしょうか。

この問いに対し、アドラー心理学では6つの条件を挙げています。

❶自己受容

自己受容とは、長所も短所も含めて、自分自身をありのままに受け止めることです。その前提として、自分の長所・短所をしっかり知る必要があります。

自己受容はうぬぼれと混同されがちです。しかし、うぬぼれている人は、自分の短所を受け入れる勇気がありません。自己受容するには、自分の短所も受け入れる必要があります。

また、自己受容できる人は、他人も受容しているので、対人関係で協力的な態度をとります。対して、うぬぼれている人は独善的で他人を受容できません。「こいつには勝てるな」と思うと競争的・高圧的な態度をとり、「この人には敵わない」と思うと回避的な態度をとったり、やけに低姿勢になったりします。

❷所属感

自分には居場所があると感じていて、その居場所に安心感を感じることです。こうした居場所があると、肝心なときに自分の力を発揮することができます。

精神的に不健康な人は、自分の居場所がないと感じ、疎外感を持ちます。

❸信頼感

共同体に属している人達を信頼できるかどうかです。**信頼しているからこそ、協力し合える関係を築くことができます。**

不信感を持つ相手とは協力し合えないでしょう。周囲の人が信頼できないと敵対的な態度を取ることになります。精神的に健康な状態とは言えません。

❹貢献感

自ら進んで他の人や共同体のために役に立とうとしているかどうかです。

W・B・ウルフというアドラーの高弟は、『どうすれば幸福になれるか』という著書の中で、**幸福の尺度で最も確かなものは、自分が誰かの役に立っている、自分を待つ誰かがいること**だと言っています。幸福とはHaving（物質的豊かさ）でも、Being（肩書きや地位）でもなく、Doing（貢献）の中にあると言うのです。

❺責任感

責任は権利とコインの裏表の関係です。責任のない権利はありません。また、自分が**権利を行使したいと考えるなら、当然、相手の権利も認める**必要があります。

❻勇気

困難を克服する活力のことです（46ページ）。

精神的な健康を手に入れて、共同体感覚を持とう！

精神的な健康・6つの条件

① 自己受容
- 自分に欠点があったとしても自分を受け入れている
- 自分の長所も短所も知っている

② 所属感
- 自分の居場所があると感じている
- 居場所に安心感を持っている

③ 信頼感
- 他者を信頼している
- 信頼している他者と協力しようとする

④ 貢献感
- すすんで他者の役に立とうとしている

⑤ 責任感
- 自分の権利行使に伴う責任をとる
- 他者にも自分と対等の権利を認める

⑥ 勇気
- 困難を克服する活力を持っている
- 不完全さを受け入れる勇気がある

05

理想

非力さを嘆くより理想を追い求める

POINT❶ 精神的に健康かどうかは、自分の主観で決まる

POINT❷ 不完全な自分を受け入れることも勇気

自分の主観で決まる

164ページで紹介した「精神的な健康の6つの条件」をもう一度、見てみましょう。自己受容、所属感、信頼感、貢献感、責任感、勇気と、6つのうち4つも「感」という言葉がついています。

これは、これらの条件が客観的な尺度ではないことの表れと言えるでしょう。つまり、**「自分が精神的に健康な状態にあるかどうか」は、あくまで主観的な評価で決めるもの**なのです。

たとえば病に侵されたことによって精神的にまいってしまう人がいます。その一方で、たとえ病に侵されていても、あるいは財産がなくても、精神的に健康な人もいます。逆に、端から見ると非常に恵まれた状況にいても、精神的に不健康な人もいます。つまり、**置かれた状況や外的要因がどうであれ、自分が精神的に健康だと感じていることが重要**なのです。

理想だからこそ追い求める

アドラー心理学は、理想的な状態を目指す傾向の強い心理学です。共同体感覚という価値観はその究極のものでしょう。164ページで紹介した「精神的な健康の6つの条件」についてもそうです。

実際、アドラー心理学が理想とする「精神的な健康」を完璧に満たしている人はそういません。アドラー心理学が示す理想はあくまで理想。現実とは異なります。誰しも苦手なことや欠点があるのは当然です。

しかしながら、**理想の状態がはっきりわかるからこそ、私たちはそこを目指して進んでいくことができる**のです。

どこに向かうべきかがわからなければ、私たちは道に迷ったまま途方に暮れるだけです。でも「これが理想の、最善の状態」という光が暗闇に差せば、私たちはその一点に意識を向けて進むことができるのです。

これまで一貫して「勇気とは困難を克服する活力」と紹介してきました。それに加えて「不完全さを受け入れる」ことも勇気のひとつです。

不完全な自分に直面したとき、不必要に自分を責めず、受け入れる。そのうえで、自分の未来は自分の手で作り上げることができる（＝自己決定性）と強く自信を持ち、理想を追い求め、努力し続けることによって、私たちは「なりたい自分」へと自分自身を変化させていくことができるのです。

今が不完全だからこそ、完全に向かって進んでいくことができる。だからこそ不完全な今の自分を責めずに受け入れることが大切なのです。

精神的な健康には、常に追い求め、維持する努力が必要である

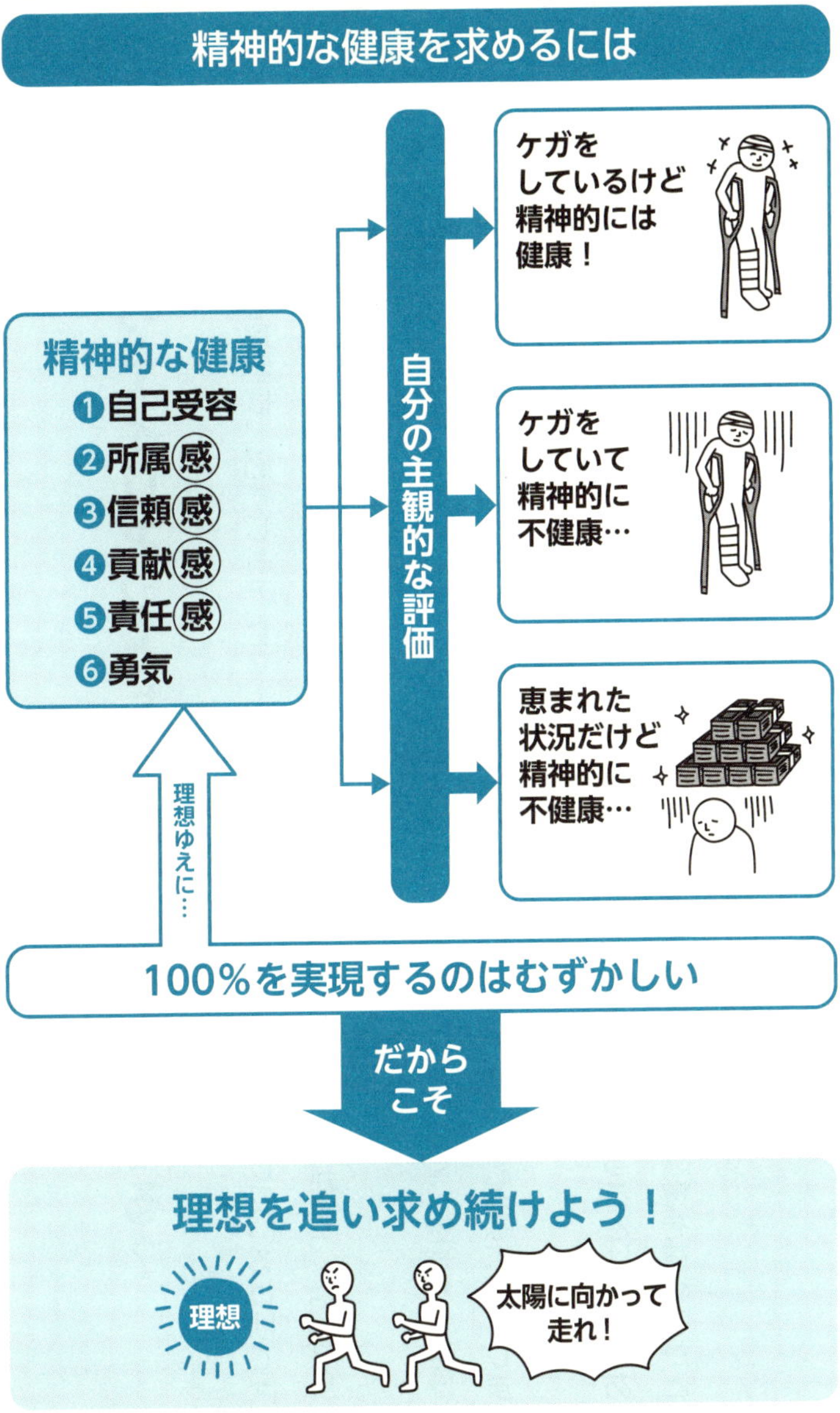
精神的な健康を求めるには
精神的な健康
❶自己受容
❷所属感
❸信頼感
❹貢献感
❺責任感
❻勇気
自分の主観的な評価
ケガをしているけど精神的には健康！
ケガをしていて精神的に不健康…
恵まれた状況だけど精神的に不健康…
理想ゆえに…
100%を実現するのはむずかしい
だからこそ
理想を追い求め続けよう！
理想
太陽に向かって走れ！

Column 5

ペットやエイリアンとも共同体感覚を持てる？

アドラー心理学は、必ずしもアドラー自身の言葉だけをよりどころにしているわけではありません（40ページ）。実は、「共同体感覚」についてもアドラー自身が語った内容と、現代のアドラー心理学における解釈は異なっています。

アドラーは、共同体感覚について**「過去と未来も含め人間だけではなく、生きとし生けるもの、そして無生物や宇宙とまでもつながっている感覚」**（『人間知の心理学』）としました。

もちろん、未来のために環境を守ることも、ある種の共同体感覚であることは間違いありません。一方、遠い宇宙のエイリアンやらペットや植物などと共同体感覚を育めるかと言われると、多くの人にとって理解の難しいものになってしまうでしょう。

広義派か狭義派かは自由

一方で、アドラーの弟子のドライカースは、「私たちが所属している、人間で構成された共同体に対する所属感や貢献感」を共同体感覚としました。**共同体の定義を狭くしたわけです。**

しかし、これは**どちらが正解ということはありません。**あくまで、アドラーは広義派であり、ドライカースは狭義派であるというだけです。

人によっては、無生物に対して共同体感覚を持てる人もいます。信じている宗教によっては、宇宙に対して共同体感覚を持てる人もいるでしょう。

あくまで、共同体感覚は個人によるものなので、自分が所属感を感じることができる共同体を選び、貢献すればよいのです。

アドラー心理学　マスタードリル⑤

問1　共同体の特徴は？

A 居心地のよさ

B 目的意識がある

問2　精神の健康を測るバロメーターは？

A 自分のテンション

B 共同体感覚

答え
問題1　A　（→148ページ）
問題2　B　（→152ページ）

問3 人生を充実させるためには？

A 貢献感を持つ

B うらみを持つ

問4 よい人間関係を築くためには？

A 相手が信頼してくれるのを待つ

B 自分から先に信頼する

答え

問題3 A
（→156ページ）

問題4 B
（→160ページ）

問5 自己受容とは？

A 長所も短所も含め自分を受け入れる

B 自分の長所しか見えない

問6 共同体感覚とは？

A すぐに実行できる基礎

B 追い求める理想

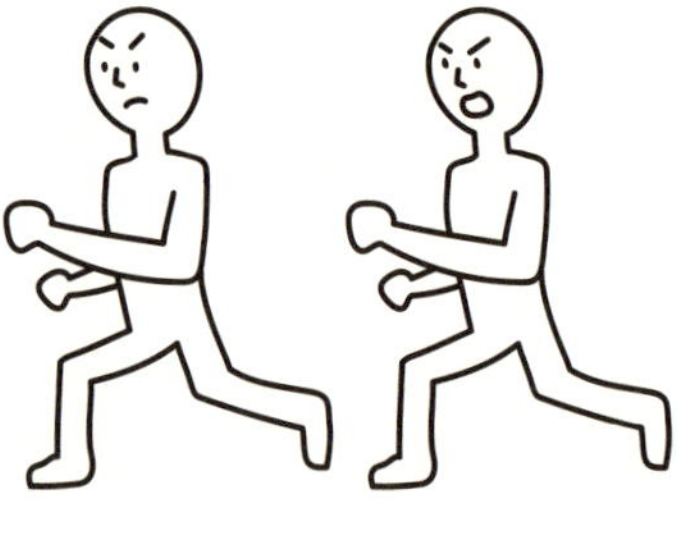

答え
問題5 A （→164ページ）
問題6 B （→168ページ）

Chapter

6

アドラー心理学を日常生活に役立てよう

アドラー心理学は
実践しなければ意味がない

アドラー心理学を日常生活に役立てよう

目からうろこのアドラー心理学

これまでに繰り返しご紹介してきましたが、アドラー心理学では共同体感覚（156ページ）を持つことを重要視しています。

この共同体感覚を持つためには、ライフタスク（20ページ）を克服していく必要があります。当然、その間には困難に出会うこともあるでしょう。

これらの**困難を克服する活力が「勇気」であり、その活力を与えることが「勇気づけ」**です（70ページ）。幸せに踏み出す第一歩が勇気づけと言えるかもしれません。これが、アドラー心理学が**「勇気づけの心理学」**と呼ばれるゆえんです。

アドラー心理学は、その知識を学ぶだけでも価値ある心理学です。**対人関係や自分の感情についての思い込みを破り捨てるきっかけになる**からです。

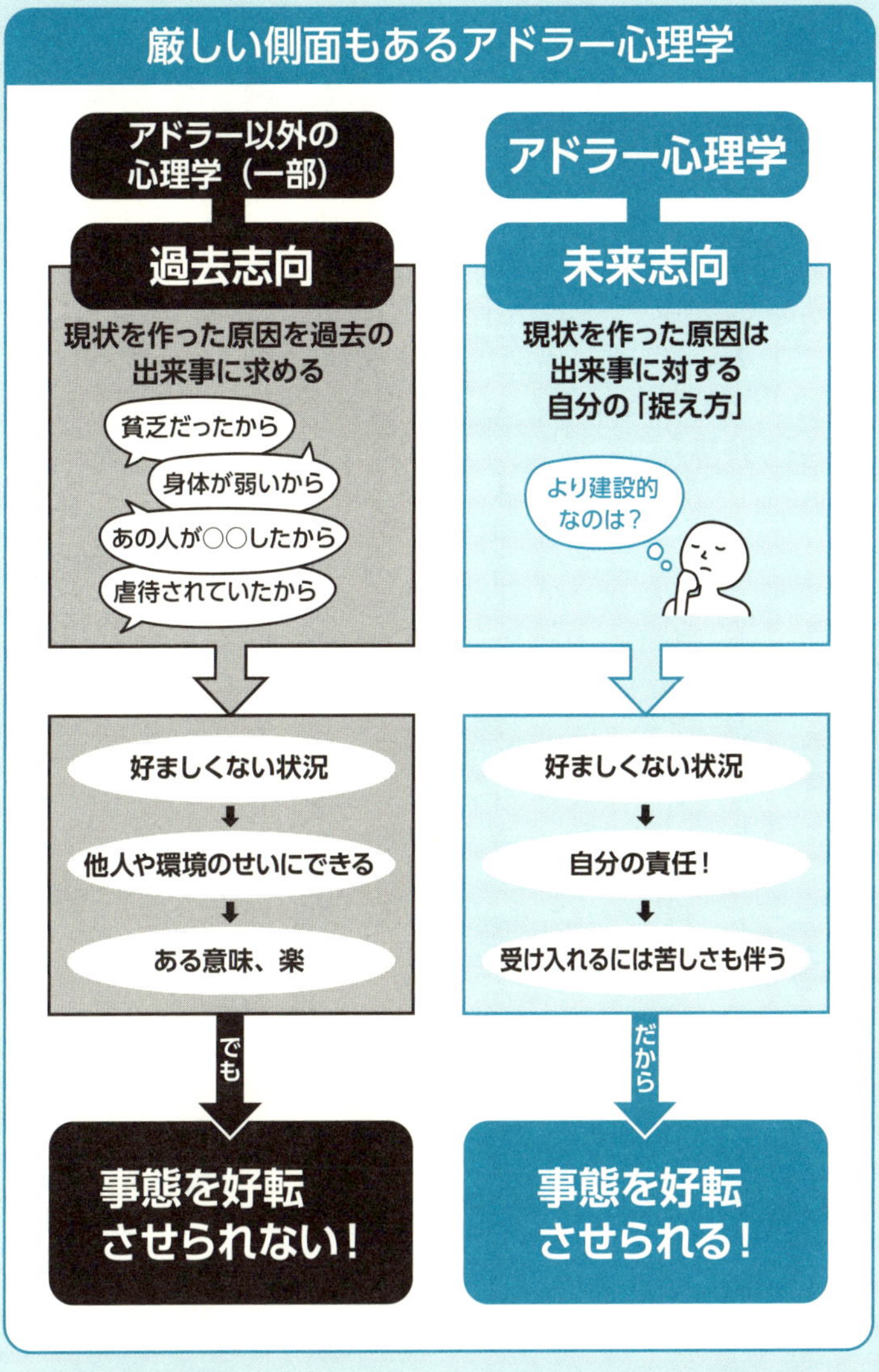
厳しい側面もあるアドラー心理学
アドラー以外の心理学（一部）
過去志向
現状を作った原因を過去の出来事に求める
貧乏だったから
身体が弱いから
あの人が○○したから
虐待されていたから
好ましくない状況
他人や環境のせいにできる
ある意味、楽
でも
事態を好転させられない！
アドラー心理学
未来志向
現状を作った原因は出来事に対する自分の「捉え方」
より建設的なのは？
好ましくない状況
自分の責任！
受け入れるには苦しさも伴う
だから
事態を好転させられる！

勇気づけの心理学で未来に目を向ける

また、アドラー心理学は厳しい側面もある心理学です。

たとえば、自己決定性（84ページ）は、「自分の言葉やふるまいを、生育環境や周囲の人間関係など、自分以外のことに責任転嫁をするべきではない」という考え方です。

自分を作ったのは自分。だから、他人のせいにせず、今の状況を招いた責任を受け入れる必要がある——アドラーはそう教えています。

「○○のせいで」という考え方は、自分の責任を回避できる楽な考え方です。しかし、この考え方を捨てない限り、自分を変えることはできません。他人のせいにせず「今の自分を作ったのは自分」だと責任を受け入れた上で、未来に目を向けることで、自分で自分を変えられるのです。

アドラー心理学は理解するだけでなく、実践しなければ意味がありません。第6章では、アドラー心理学を生活の中で役立てるためのヒントを集めました。ここまでで得た知識を、実践するために活用してください。

アドラー心理学は「理解＋実践」が大切

正しい知識を身につける

目からうろこ

＋

生活の中で実践する

よし！
勇気づけ！

＝

明るい未来

共同体感覚！

怒りは二次感情

01 怒りやイライラと上手に付き合う

POINT❶ 怒りの感情は抑えることができる

POINT❷ 怒りの奥には別の一次感情がある

怒りは抑えられる

「怒りは突発的に出てくるものだから、抑えることはできない」と言う人がいます。しかし、アドラー心理学では、この考え方を否定しています。**怒りは制御可能な感情**としているのです。

たとえば、あなたが親友だと思っていた友人に、陰で悪口を言われていたとします。傷つくのは当然でしょう。

では、あなたがそのことで「ふざけるな！」と感情を爆発させそうな状況で、電話がかかってきたとします。相手は会社の取引先の重要顧客でした。当然あなたは「いつもお世話になっています」と明るい声で対応するはずです。

さっきまで抑えきれないと思っていた怒りは、取引先から電話が来たことがわかった瞬間、引っ込んでしまうものです。もし、怒りが抑えきれないものならば、取引先に対しても同じ勢いで怒りをぶつけるはずではないでしょうか。

では、なぜ取引先と話すときは感情的にならないのでしょうか。それは、**人間は相手を選んで怒りという感情を使っているから**です。つまり、怒るのにも目的があるのです。

怒りの奥にある感情に気づく

実は、〝怒りの奥〟には別の感情が隠されています。**怒りは二次感情**であり、**そもそも怒りを抱く理由となった一次感情が別に必ず存在する**わけです。その一次感情に気づくだけでも、コミュニケーションはよりスムーズになります。

先ほどの親友に悪口を言われて怒ってしまう話に戻しましょう。そもそも怒った原因は、親友に対する「落胆」だったのではないでしょうか。

信頼している親友なら絶対に悪口を言わないはずという「期待」から、その期待を裏切られた「落胆」の気持ちが生まれ、二次感情である「怒り」になったのです。

「怒りが抑えられない」と感じたときには、自分の感情の裏にある別の感情を、客観的に見つめましょう。そのうえで、自分の一次感情に気づいたら、I（私）メッセージで一次感情を伝えます（134ページ）。

「（私は）陰口を言われてショックだったよ。今後は直接言ってくれるとうれしい」

相手に怒りの感情をぶつけるより、こちらのほうがはるかに効果があるはずです。

自分の表に出てきた怒りの感情の「裏側にある感情」は何か、自分で気づこう

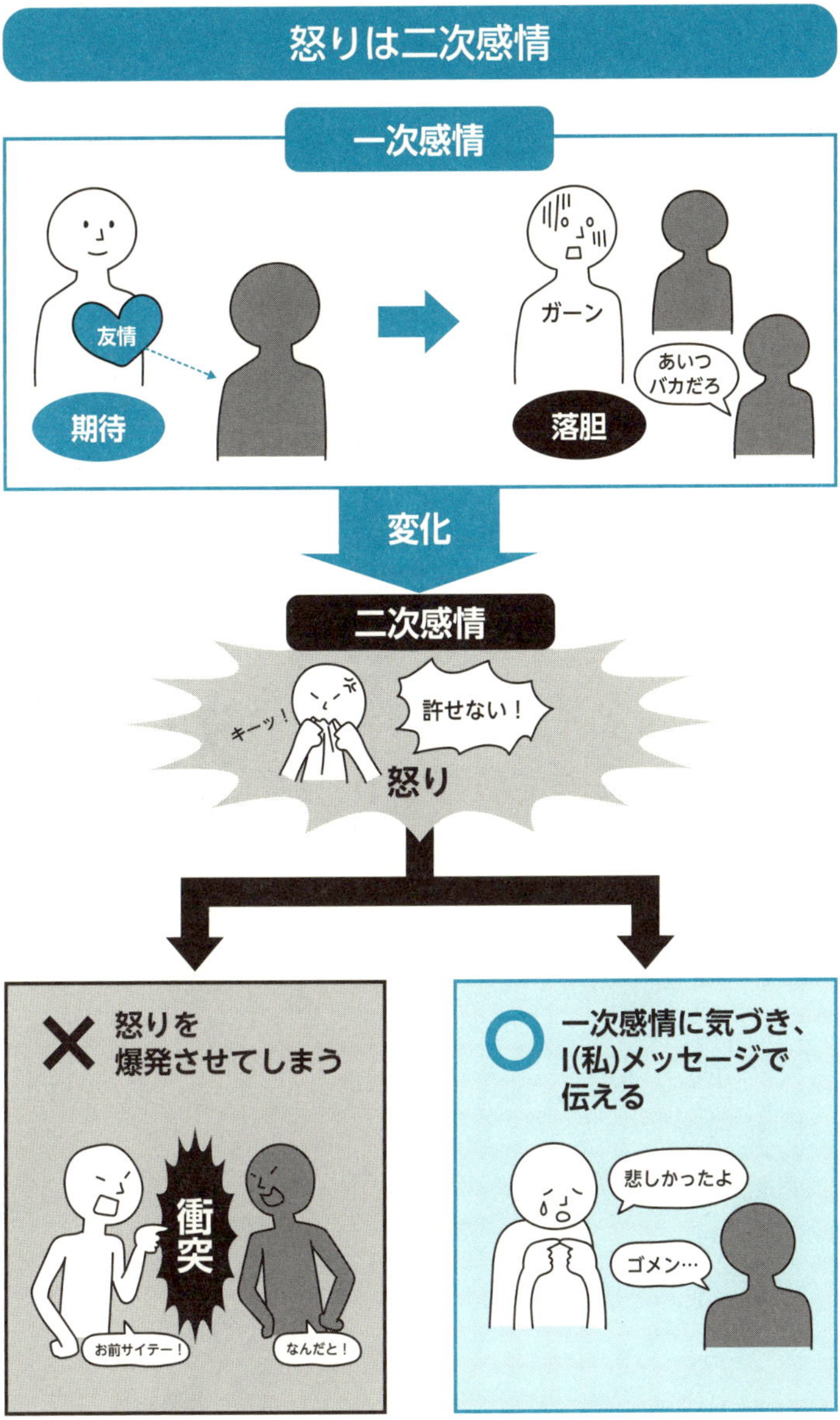
怒りは二次感情
一次感情
友情
期待
ガーン
あいつ バカだろ
落胆
変化
二次感情
キーッ！
許せない！
怒り
✕ 怒りを爆発させてしまう
衝突
お前サイテー！
なんだと！
○ 一次感情に気づき、I(私)メッセージで伝える
悲しかったよ
ゴメン…

02

リフレーミング

自分が好きになれずに落ち込む悩みの対処法

POINT❶ 短所ばかりだと思うとネガティブになる

POINT❷ 短所は長所に言い換えられる

▼ネガティブになるのはなぜ？

「自分にいいところなんて何もない」

「自分なんか、取り柄もないし」

とネガティブになる人がいます。そういう人に、自分自身の短所をあげてもらうとスラスラ出てきます。

「何を決めるにも優柔不断なんですよ」

「忍耐力がありません」

「意志が弱くて、何をするにも続かないんです」

自分は短所ばかりだと思っていては、ネガティブになるのは当然と言えるでしょう。

枠組みを変えるリフレーミング

短所ばかりだと思っている人がポジティブになるにはどうすればいいのでしょうか。

この問題に対するアドラー心理学の答えは次のようなものです。

「大切なことは、何を持っているかではなく、持っているものをどう使うかである」

私たちはみな、さまざまな特徴を持っています。その特徴を短所として使えばネガティブになるのは当然です。

しかし、その特徴のよい面を見れば、ポジティブになることができます。**今持っている特徴を短所としてではなく、長所として捉え直す必要がある**のです。

たとえば「優柔不断」は、見方を変えると「安易に決めつけない」と見ることができます。「忍耐力がない」は「切り替えが早い」と言えるでしょう。「一つのことが続かない」という悩みは「好奇心が旺盛」、「頑固」な人は「信念が強い」と捉え直すことができます。

このように、考え方の枠組みを変えることを**リフレーミング**と呼びます。ある人の短所や危機的状況は、リフレーミングで見方を変えると長所や好機になる、ということです。つまり、ある状況がプラスになるかマイナスになるかは、考え方の枠組みで決まるのです。

リフレーミングを行って、自分の長所がたくさん見つかれば、自分を勇気づけることができます。これは、自分だけではなく、他人にも当てはまります。

他人の特徴を短所と捉えてしまうと、そればかりに目が向かい、相手に対してマイナスなイメージを持ってしまいます。そこで、**一見、短所に見える特徴を長所と置き換えてみましょう。**相手の印象が変わり、人間関係がよくなります。

自分のことも、他人のことも、捉え方次第です。人や物事のプラス面を見つけて、長所や好機に変えられるような考え方の枠組みを身につけていきましょう。

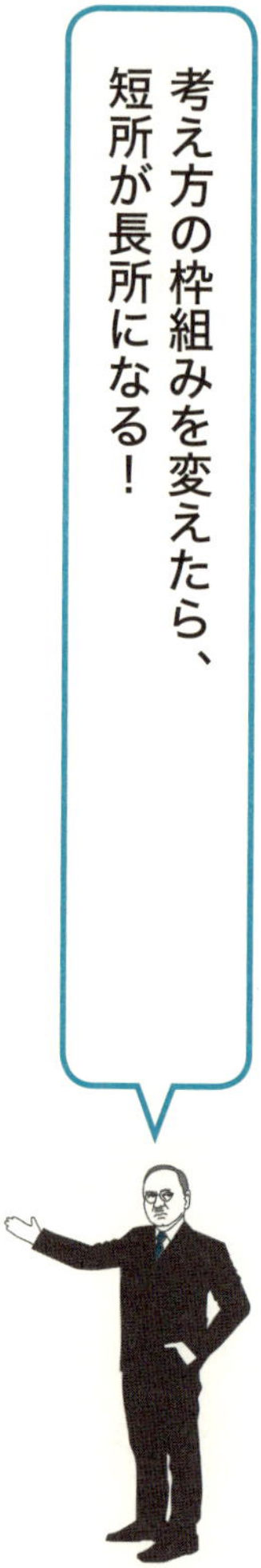
考え方の枠組みを変えたら、
短所が長所になる!

短所をリフレーミングして長所にしよう

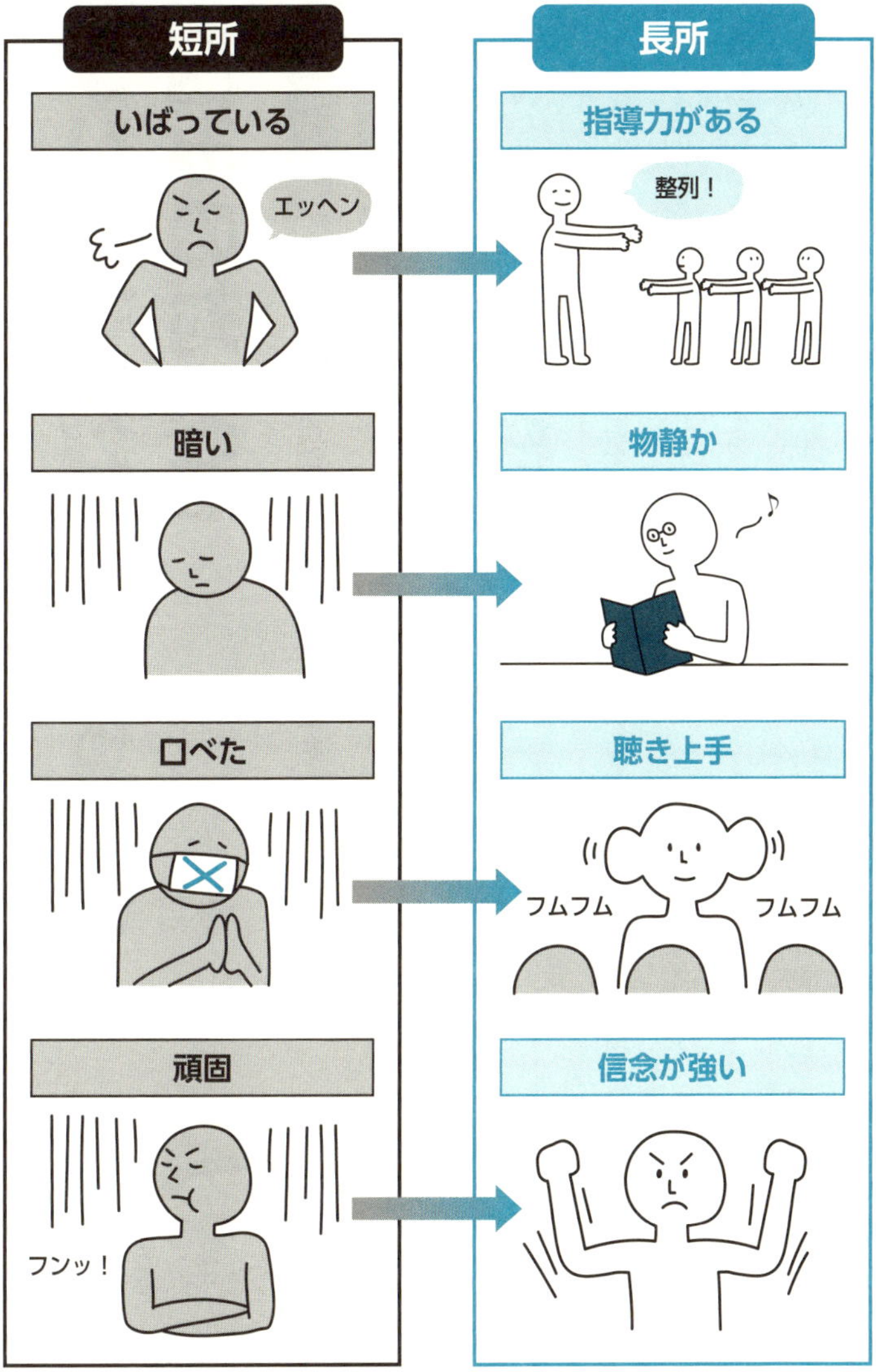

03

他人と自分

ＳＮＳで気が休まらない悩みの対処法

POINT❶ 他人の投稿や評価はどうにもできない

POINT❷ 自分のできることに気をつかう

▼ＳＮＳで気疲れするのはなぜ？

友人や知人とネット上で気軽にやりとりできるＳＮＳ。すっかり私たちの生活に欠かせないものになりました。疎遠になっていた人との交流が再開するなど、ＳＮＳのよさを実感している人は多いでしょう。

しかし、ＳＮＳの普及に伴って、気疲れしてしまうという悩みも多く見受けられるようにもなっています。便利なツールですが、精神的に悪影響があるのなら、建設的な使い方とは言えません。

なぜＳＮＳで疲れてしまうのでしょうか。**気疲れの原因の一つは、他人の評価を気にすること**にあります。

「自分の書いていることを他人はどう思うだろうか」

「『いいね！』を押さなければ」

「他人が友達や恋人と楽しそうにしている投稿はねたましく感じてしまう」

など、自分が他人にどう見られているかを気にしたり、自分と他人を比べるから疲れてしまうのです。

自分は自分、他人は他人

ＳＮＳとの上手な付き合い方で大切なのは、「課題の分離」という概念です（１３０ページ）。つまり、自分の課題と他人の課題を分けるということ。

どのような投稿をするかは自分の課題です。他人を傷つけない、あまりネガティブなことを書かないなど、基本的なマナーを守るのは自分で注意すべきことです。

しかし、あなたが**投稿した記事を見てどう思うかは他人の課題で、あなたの課題ではあ**

りません。どのような投稿にも、不愉快に感じる人もいれば、評価する人もいるものです。他人の評価は、自分でコントロールすることなどできないのです。

他人の投稿に関しても同様です。自分が「そんな投稿をしてほしくない」と思っても、他人が書く内容を自分がコントロールすることはできません。

ですが、**自分でコントロールできることはいくらでもあります。**たとえば、そもそもSNSをやらない、投稿は親友のものだけ見るなどです。

他人と自分のライフスタイルは違うものです。友人がたくさんいる人をうらやましく思ったら、自分の友達に対する価値観を見つめ直しましょう。

自分にとっては一人の時間が大切なのだと気づけば、友達との時間を楽しむ人をねたむ必要がなくなります。自分もたくさんの友人とワイワイ過ごしたいと思うなら、その劣等感をバネにして、友人を増やす努力をすればよいのです。

自分は自分、他人は他人。比較して悩むのはやめよう

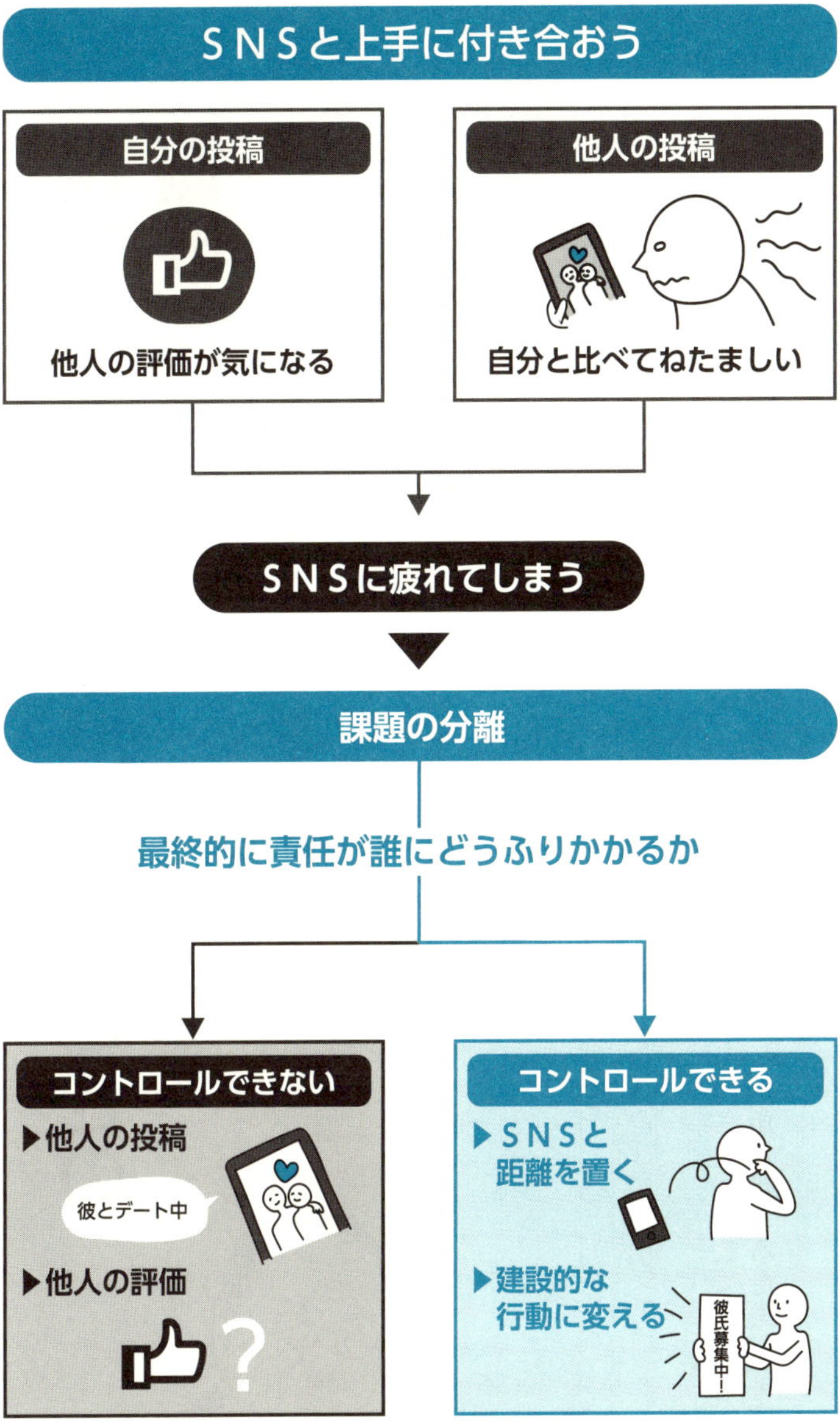
SNSと上手に付き合おう
自分の投稿
他人の評価が気になる
他人の投稿
自分と比べてねたましい
SNSに疲れてしまう
課題の分離
最終的に責任が誰にどうふりかかるか
コントロールできない
▶他人の投稿
彼とデート中
▶他人の評価
コントロールできる
▶SNSと
距離を置く
▶建設的な
行動に変える
彼氏募集中！

共感と同情の違い

04 相談を受けて仲違いしたときの悩みの対処法

POINT❶ 同情をすると関係が悪化する

POINT❷ 相手目線の共感を始めよう

同情したのに仲違い!?

仲良くしていた友人がDV被害を受ける、事故に巻き込まれるなど、ひどい目に遭って相談をしてきたとします。こんなとき、「かわいそう」と同情していないでしょうか。同情するのが友人の役目では、と思われるかもしれませんが、**同情すると落ち込んでいる相手は依存を始め、関係が悪化**する可能性があります。同情は憐れみから始まるため、「支配をする側」「される側」の関係に変わってしまうのです。

同情される側はどうしても相手に依存的になりがちです。そうなると、同情する側も「頼られる自分」に達成感を覚え始めてしまいます。

この状況が続くと、不健全な相互依存の関係が深まっていきます。関係が修復できなければ、仲違いという事態も招きかねません。

こうした事態を防ぐには、**「同情」ではなく「共感」する**ことが大切です。

共感と同情は別のもの

共感と同情はどのように違うのでしょうか。大きく次の4つの違いがあります。

❶関係

共感は互いの立場が対等です。相互尊敬、相互信頼が成立します。

一方、**同情は上から目線**。お互いの関係が支配と依存によって成り立っています。

❷関心

共感は関心が相手にあります。アドラーは共感を「相手の目で見、相手の耳で聞き、相手の心で感じる」ことと言いました。つまり、相手の立場に立つことが共感です。

一方、**同情は関心が自分自身**に向きます。相手の立場に立たず、ただ可哀想に思ってあげている自分に酔っているだけなのです。

❸感情

共感は信頼関係があるので、たとえ相手が依存してきても自分をコントロールできます。**同情は憐れんでいる優位な立場を保ちたい**ため、感情のコントロールができなくなりがちです。

❹距離

共感すると、お互いの心の距離が近くなります。同情をすると、（一見べったりと近づくようですが）**上下に関係が離れていきます。**

共感に大切なのは、**相手の立場に立とうとする姿勢**です。同時に**必要以上に相手に入れ込みすぎない**ことも大事になってきます。この点に注意をして共感すれば、人間関係は格段によくなるでしょう。

相手の目で見、相手の耳で聞き、
相手の心で感じよう

共感と同情の違い

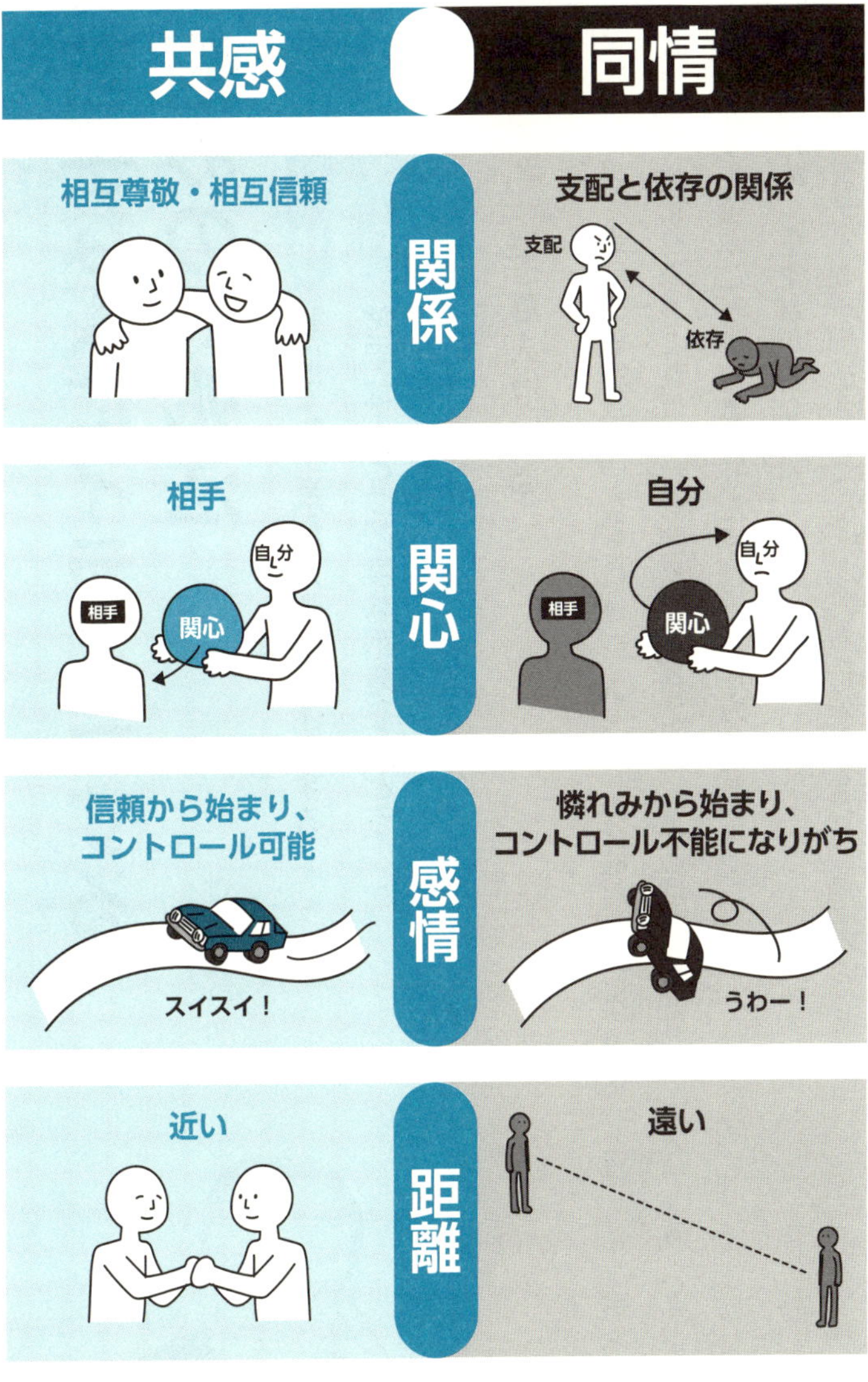
共感
同情
関係
相互尊敬・相互信頼
支配と依存の関係
支配
依存
関心
相手
自分
相手
自分
関心
相手
自分
関心
感情
信頼から始まり、
コントロール可能
スイスイ！
憐れみから始まり、
コントロール不能になりがち
うわー！
距離
近い
遠い

05

リスペクト

苦手な人にイライラする悩みの対処法

POINT❶ 誰にでも苦手な人は必ず存在する

POINT❷ 苦手な人とは適度な距離を保とう

誰にでも苦手な人はいる

会社で働く場合、就職活動で会社は選べても、どの部署でどのような人と働くかを選ぶことはできません。これは学校も同様で、学校を選ぶことはできても、クラスやクラスメート、先生を選ぶことはできません。これは仕方のないことです。

そのため、生まれがちなのが

「職場やクラスに好きではない人がいて、イライラする」

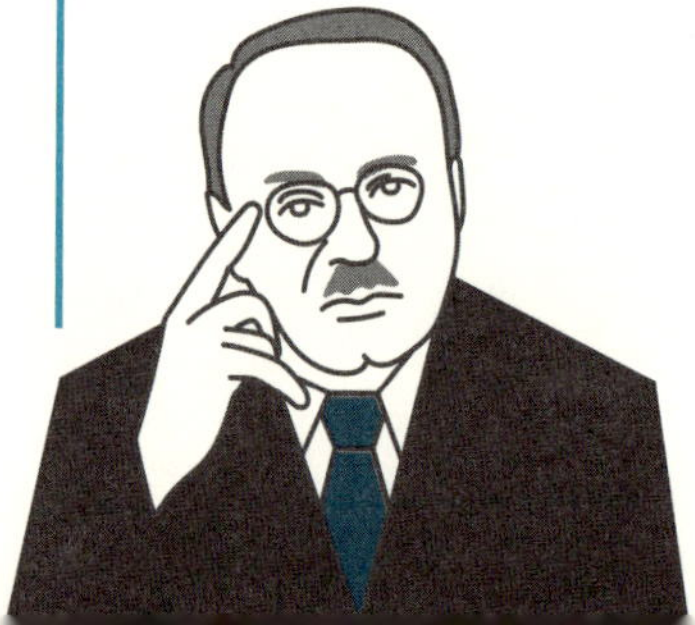

「苦手な人とどう接していいかわからない」

という悩みです。なかには、相手をうらんでしまう人もいます。

「あの人さえいなければ、うまくいくのに…」

しかし、会社や学校を選び直したとしても、**苦手な人がいなくなることはありません。**

相性の法則性を考えると（160ページ）、周囲にいる人のうち、2割は相性のよい人、6割は普通の人、2割は相性の悪い人です。

これは、自分に苦手な人がいるように、「誰もが2割程度の人を苦手としている」と読み解けます。**誰とでもうまく付き合っているように見える人でも、その実は苦手としている人がいる**わけです。

苦手な人との付き合いに悩んだら、まずこの事実を思い出しましょう。

「どこにでも、誰にでも苦手な人がいるもの」

という事実を思い出せば、ずいぶん気が楽になるはずです。

苦手な人と付き合うには？

相性の法則性を前提にすると、**どんなに努力しても、苦手な人をなくすことはできない**

という結論に達します。実際、アドラー心理学では苦手な人を好きになることをすすめているわけではありません。

しかし、苦手な人とうまく付き合うヒントは提示しています。それが共同体感覚というキーワードです。**共同体感覚を持っていれば、苦手な人も同じ共同体に貢献する仲間としてリスペクトすることができる**のです。

自分に嫌な態度をとる人に好意を持つことはむずかしいでしょう。しかし、それに反発して自分も嫌な態度をとってしまえば、関係が悪化してしまいます。

心の平穏のために、**「どんな相手でもリスペクトし、共同体に貢献するために付き合う」**のだと考えましょう。適度に距離をとってもよいのです。挨拶などはもちろん、礼儀を欠かさない態度を貫けば、それ以上に関係が悪化することはありません。

どんな共同体にも、苦手な人はいる。
共同体感覚を大切にしよう

誰にでも苦手な人はいる

相性の法則性

2 : 6 : 2

相性のいい人　普通の人　相性の悪い人

苦手な人との付き合い方

共同体感覚を忘れない！

積極的に関わってみる

関係が改善される場合もある

礼儀を欠かさず、距離を置く

割り切りも大切

愛のタスク

06 恋愛ができない悩みの対処法

POINT❶ 愛のタスクは成長のチャンスである

POINT❷ みんなに好かれることは不可能である

▼愛のタスクと向き合って成長しよう

近年、若者の恋愛離れが進んでいると言われています。実際、2015年に発表された「出生動向基本調査」のデータによると、未婚者で交際相手を持たない人の割合は、男性で69・8%と7割近く、女性で59・1%と6割近くになっており、増加傾向にあります。

この背景には「恋愛で傷つきたくない」という思いがあるのではないでしょうか。「一人のほうが楽」と感じる人が増えているのです。

しかし、人生において、パートナーシップの課題が生まれないのは不自然です。アドラー心理学では、「愛のタスク」をライフタスクの一つとしています（20ページ）。**「愛のタスク」に直面することは、自分が成長する大きなチャンス**です。傷つきたくないからと、そのコミュニケーションを避けることは、成長するチャンスを逃すことにつながってしまうのです。

自分を好きになってもらえるかは相手の課題

誰かを好きになっても、相手に拒絶されたら傷つくと怖さを感じる人もいるでしょう。それは「みんなに愛されたい」という思いがあるからではないでしょうか。しかし、相性の法則性を考えれば、相手が自分を好きにならないのは、仕方のないことだと気づけます（160ページ）。

自分が好きな人に嫌われるのは、もちろん辛いことだと思います。しかし、「課題の分離」の考え方でわかるとおり、相手の感情をコントロールすることはできません。**相手が自分を好きになるかどうかは、結局相手の課題**なのです（130ページ）。

しかし、自分の感情や行動はコントロールできます。好きな人に好きと伝えること、そして相手に嫌われたとしてもそれを成長の糧にすることはできます。好きと伝えた結果、もしかしたらフラれるかもしれません。しかし、**たとえフラれたとしても、自分という人間の本質がすべて否定されたわけではない**のです。

みんなに好かれた人は、歴史上存在しません。みんなに好かれるというのは不可能です。どんなに人気のあるタレントでも、「あの人のこと好きじゃない」と思う人は必ず存在します。一方で、「みんなに嫌われている」というのも妄想です。誰からも愛されないなんてこともありえないのです。

相手に拒絶されることを恐れていては、前に進むことはできません。拒絶されるのは仕方のないことだと割り切ることで、自分と相性のいい人と結ばれる機会がくるのです。

もちろん、交際・結婚後もさまざまな問題が出てくるでしょう。その問題を乗り越えることで、さらに成長できるのです。

嫌われることをおそれずに、
「愛のタスク」と向き合おう

恋愛における課題の分離

自分の課題

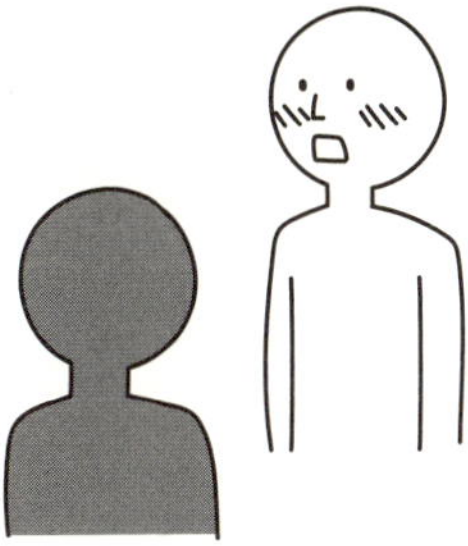

好きという気持ちを
経験すること

相手に好きだと
伝えること

失恋を成長の
糧にすること

相手の課題

相手が自分を
好きになること

相手が自分を
好きにならないこと

07

楽観主義

職場で愚痴をこぼす人がいる悩みの対処法

POINT❶ 職場の愚痴はモチベーションを下げる

POINT❷ あえて、愚痴をスルーしてみよう

愚痴は周りのモチベーションを下げる

「なんで私がここまでやらないといけないんだ！」

「忙しすぎて、疲れた」

「あいつの指示が悪いせいでこうなったんだ」

職場でこのような愚痴を聞いたことがあるかもしれません。忙しい日が続くとどうしても愚痴が出てしまいがちです。ですが、愚痴ばかりが聞こえてくるようだと、職場の雰囲

気はどんよりとしてしまいます。結果的に、職場の雰囲気に影響されて悲観的になり、自分のモチベーションも落としてしまうのです。

こんなときにできることは、**自分だけでも楽観的でいる**ことです。19世紀から20世紀にかけて活躍したフランスの哲学者アランは著書『幸福論』で、このように述べています。

「悲観主義は気分に属し、楽観主義は意志に属す」

天気がどんよりとしていると、気持ちまでもどんよりふさぎ込んで悲観的になってしまう、という経験がないでしょうか。

しかし、どんなに天気や職場がどんよりしていても、

「今日も一日頑張るぞー！」

と思うだけで楽観的になれます。結局は自分次第なのです。

愚痴にはあえて注目しない

愚痴を言う人は、誰かに聞いてほしいのかもしれませんが、**愚痴に注目をしなければ、少なくともあなたの前で愚痴を言うことはなくなる**はずです。愚痴をスルーするかどうかは自分で決められます。蝉の声のようなものだと思えば、少し気が楽になるかもしれませ

ん。

　しかし、もしチームをマネジメントする管理職の立場だとしたら、それで終わることはできないでしょう。そのときは、決して感情的にはならずに、**あくまで冷静に、そして具体的に要望を伝える**ことが大切です。

「あなたの仕事ぶりは評価しているけど、○○という発言をここ4日間繰り返していますね。このことについて5名の社員から、モチベーションに関わるとの報告があります。意識して直してください」

　というように伝えましょう。具体的な数字や発言を指摘されれば、部下も意識するようになり、発言する内容や場所に配慮できるようになるでしょう。注意するばかりではなく、ヨイ出しもするとなおよいでしょう（114ページ）。

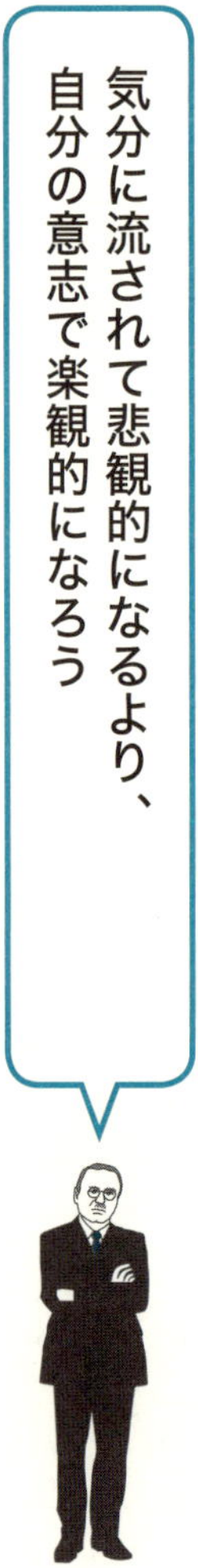
気分に流されて悲観的になるより、
自分の意志で楽観的になろう

愚痴を言う人との付き合い方

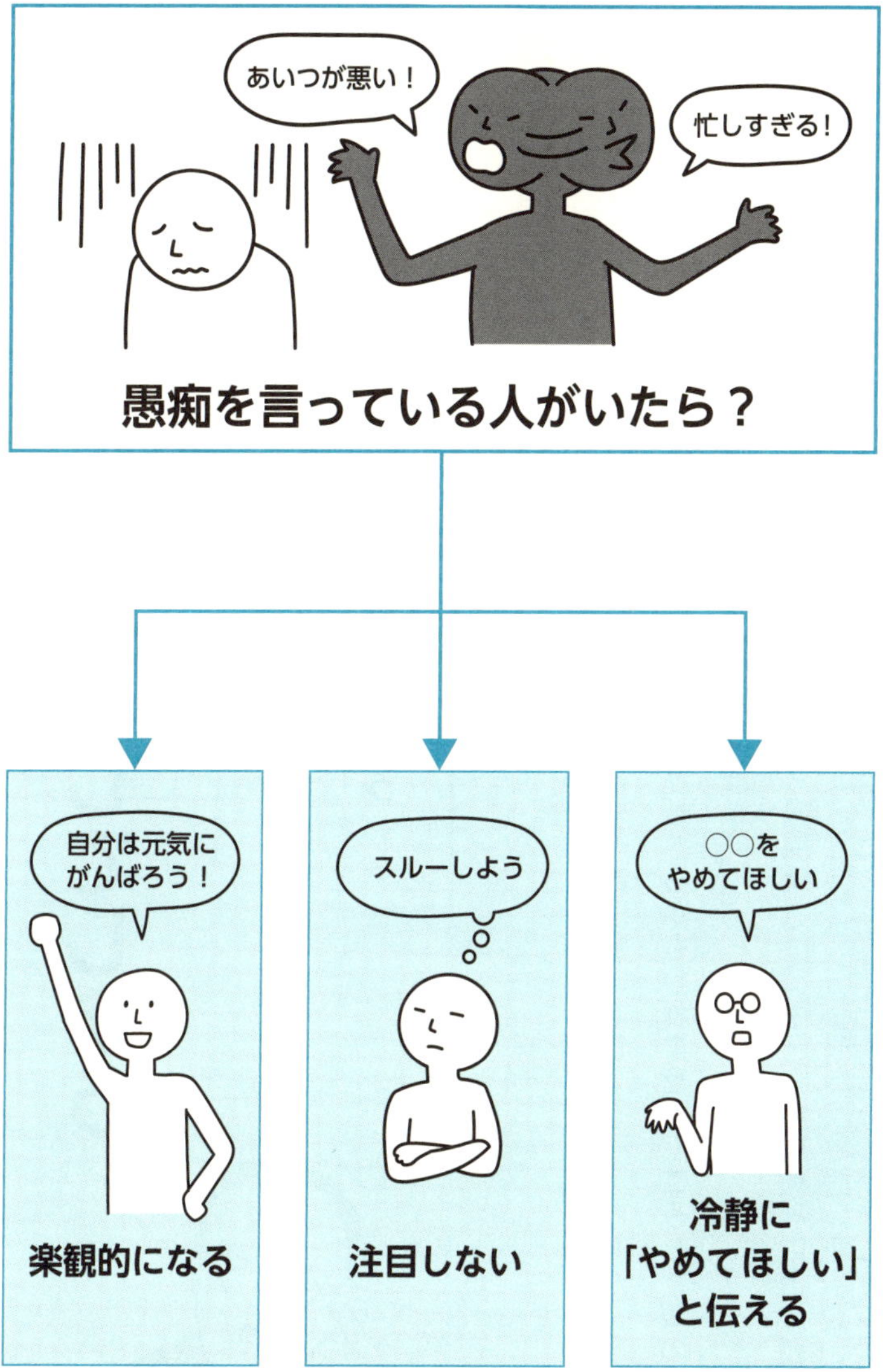

08

自然の結末と論理的結末

つい子どもに口出ししてしまう悩みの対処法

POINT❶ 過保護や過干渉はNG

POINT❷ 子どもには体験から学ばせよう

過保護と過干渉とは何か

ついつい、子どもの言葉や言動に、口を出してしまう親は多いでしょう。子どもが言うことを聞かないので、さらに腹を立ててしまうこともあるかもしれません。こうした親の行動は、過保護・過干渉につながる可能性があります。

過保護・過干渉とはどのような意味でしょうか。**過保護とは「子どもが求める以上に親がサービスすること」**、**過干渉とは「子どもが求めていないのに口出しすること」**です。

体験こそ子どもの最大の教師である

子どもは、自身が体験したことの結末からたくさんのことを学びます。アドラー心理学では、「体験こそ最大の教師」と教えています。そして、「自然の結末」と「論理的結末」という子育て法を提唱しています。

・自然の結末

親の干渉なしで子ども自身が自分の行為の結末を体験すること。たとえば、宿題をしない子どもをあえて叱らないことです。その結果、子どもは学校で気まずい体験をし、反省するでしょう。食べものの好き嫌いのある子どもに、無理に食べさせないことで、お腹がすいたという体験をさせ、食べ物の大切さを学ばせることもできます。

・論理的結末

子どもの行為について事前に話し合い、行為の結末の責任は子ども自身に引き受けてもらうことです。野球やピアノなどの習い事をしたいと子どもが言ったときに、一日に15分は練習するという合意を条件に習い事を始めたとします。それにもかかわらず練習をしなかった場合、「習い事をするなら毎日15分は練習をすると決めたよね。練習するか、それとも習い事をやめるか、どっちにする？」と責任を問います。本当に習い事をしたいならば、きちんと練習し始めるでしょう。

ただし、「重大な被害や喪失などが予想されるとき」や「子どもが体験から学ぶ発達レベルに達していないとき」、「親子の関係が悪化しているとき」などにはこれらの教育法は適していません。

子どもが交通事故に遭いそうなのに、それを体験から学ばせることは絶対にＮＧです。

また、幼い子どもには、コインを舐めると腹痛になる因果関係がわかりませんから、子どもがコインを舐めるのを放っておいてはいけません。

また、親子の信頼関係が充分ではないのに放っておくのもよくありません。子どもは親が自分に無関心だと感じ、大事にされていないと感じてしまいます。**「体験に学ばせる」というのは、相互尊敬・相互信頼があって初めて成り立つ教育法**なのです。

体験こそが子どもにとって
最大の教師である

過保護・過干渉より体験させよう

×

過保護
子どもの
求めている以上の
サービス

過干渉
子どもの
求めていない
口出し

↓

体験させよう

自然の結末

反省する

論理的結末

約束を守る

Column 6

アドラーは博士ではない？

アドラーに関する書籍を見ると、よく「アドラー博士」という表現を目にします。しかし、厳密にいうとアドラーは医学博士にはなっていません。**アドラーが博士号を持つことは生涯ありませんでした。**

アドラーは、ウィーン大学で勉強に励み、1895年に25歳で医学士を授与されました。いわゆる医師の資格です。しかし、論文等が認められて医学博士になったわけではありません。

「アドラー博士」という書籍などの表記は、おそらく英語の「Dr.Adler」を「アドラー博士」と訳したのでしょう。しかし、この「Dr.」は「博士」ではなく「メディカルドクター」という意味ですから、「アドラー博士」は誤訳です。役職をつけるなら、「アドラー医師」となりますが、心理学者としての呼称ですから、単純に「アドラー」と呼ぶべきでしょう。

アドラーが心理学の世界に入った理由

アドラーは最初、心理学の研究者としてではなく、眼科医として活動をしていました。その後、内科医を経て、精神科医になりました。そして、心理学の道に足を踏み入れたわけですが、その最初のきっかけは何だったのでしょうか。

アドラーが初期に書いた書籍にヒントが隠されています。その本とは『器官劣等性とその心理的補償に関する研究』です。

アドラーは、眼科医として、目の見えない患者をたくさん相手にしてきました。彼らは、目の障害で視覚が弱い分、聴覚や触覚が人一倍敏感です。そして、**何より心理面で、劣等感をバネに人一倍頑張るという心理的補償をしていた**そうです。

そのような患者を間近で見てきた経験から、アドラーは医師の仕事ではなく、心理学という道に興味を抱くようになりました。

アドラー心理学　マスタードリル❻

問1 アドラー心理学を活かすには？

A 理論をとことん研究する

B とりあえず実践してみる

問2 怒りと上手に付き合うには？

A 感情をなくす

B 怒りの一次感情を探る

答え
問題1　B
（→178ページ）
問題2　B
（→182ページ）

問3 自分を好きになるには？

A 短所を見ないフリをする

B 短所を長所に置き換える

問4 ＳＮＳはどう使う？

A 他人と自分の課題を分ける

B 他人の投稿に一喜一憂する

答え
問題3 B （→186ページ）
問題4 A （→190ページ）

問5　同情するとどうなる？

A 仲がよくなる

B 関係が悪化する

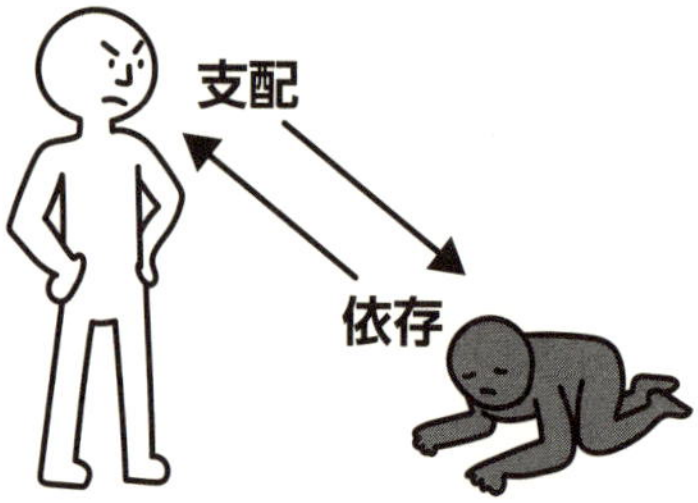

問6　苦手な人は？

A 存在しないのが理想

B 存在するので受け入れる

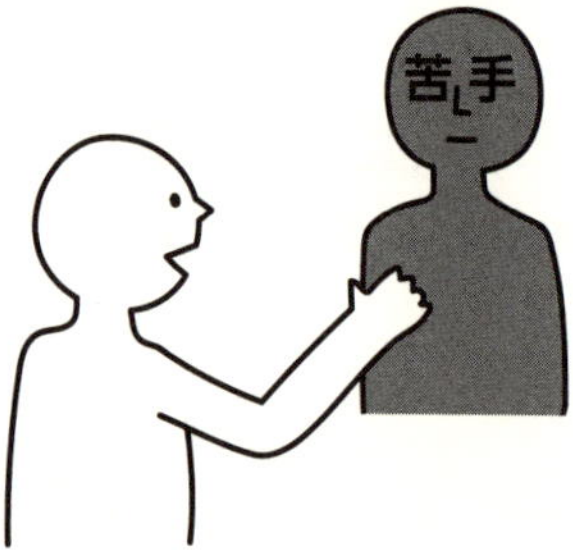

答え　問題5　B　(→194ページ)　問題6　B　(→198ページ)

おわりに　アドラー心理学を実践するために

本書の監修をいたしました岩井俊憲です。著者、永藤かおるの入魂の本書を最後までお読みいただきありがとうございます。

最近、アドラーの名を冠した本が書店を賑わせています。

30年以上、アドラー心理学の普及に携わってきた私にとって、アドラー心理学の名が世に広まるのは喜ばしいことです。

しかし同時に、残念な部分もあります。誤解されている部分や曲解されている部分もあると感じているからです。

手前味噌ながら、私は**日本におけるアドラー心理学のパイオニア**だと自負しています。1983年にアドラー心理学を初めて学んだときからその教えに感銘を受け、今度は自分が伝える立場になりたいという思いから、1985年4

月に有限会社ヒューマン・ギルドを立ち上げました。

それ以降、17万人に及ぶ人たちに向けて研修・講演を行うなど、日本でアドラー心理学の普及に尽力してまいりました。


弊社が伝えるアドラー心理学の特徴は、統合的で寛容なところにあります。実は、アドラー心理学の本場のアメリカには「シカゴ学派」「ニューヨーク学派」「サンフランシスコ学派」という3つの学派があります。

それらすべてを学んだ世界で唯一の人が私の師であり、ヒューマン・ギルドの最高顧問でもあるジョセフ・ペルグリーノ博士です。そのため、弊社の講座では幅広い見識のアドラー心理学を取り入れています。

さらに大きな特徴は、研修・講演などの効果が持続することです。「ためになった」という知識ベースの研修・講演に留まらず、意識を大きく変え、実際に**日常生活で使える実践的なアドラー心理学**をお伝えしています。


というのも、**いくらアドラー心理学の本を読み、アドラーの言葉にふれても、**

実践しなければ何の意味もないからです。言葉と行動が一致する、つまり「言行一致」が最も重要なのです。

本書をお読みいただいた皆さんも、ぜひ今日から日常生活でアドラー心理学を意識し、実践してみてください。

たとえば、他人に注意をする場面でも、「勇気づけにつながるように」と意識し、実践するだけでいいのです。

当然、意識していても最初はうまく実践できないこともあります。大切なのは、うまく実践できなかったことを意識し、改善していくことです。**「今の自分の行動はアドラー心理学の考えに沿っているのだろうか」と自分に対するチェックを常に行う**クセをつけてみてください。

感情的に相手を怒鳴って責めてしまった場合などは、「相手の勇気をくじいてしまったな。次からはI（私）メッセージを使おう」というように改善しましょう。自分の行動を振り返り、改善できれば、次に活かすことができます。

これらを繰り返していれば、無意識に実践できるようになります。アドラー心理学の考え方が血となり肉となり、「身体化」するのです。手足を動かすように、自然とアドラー心理学を使えるようになることでしょう。

最終的には周囲の人に影響を与え、周りの人のモデルになれるような生き方ができます。アドラー心理学は「他者貢献」の心理学ですから、自分だけではなく、他者を勇気づけられる生き方ができるのは喜ばしいことです。

もう一つ、アドラー心理学を実践する際に大切なのは、「一貫性」を持って実践することです。

アドラー心理学は、特定の場面にだけ活用されるべきものではありません。たとえば、「職場」ではヨイ出しで部下に勇気づけの教育をしているが、「家庭」ではダメ出しを連発し、子どもや配偶者の勇気をくじいているようでは、アドラー心理学をマスターしたとは言えません。

人生には、「職場」「家庭」「個人生活」などのフィールドがあります。それらすべてのフィールドで、一貫してアドラー心理学を実践してください。

もし、一人で実践するのが難しいと思われたら、ぜひヒューマン・ギルドの講座にご参加ください。アドラー心理学を共に学ぶ生涯の友に出会えた方が数多くいらっしゃいます。

本書は、アドラー心理学の幅広いエッセンスをわかりやすく、そして今すぐ実践できるようにまとめた、**ヒューマン・ギルドの活動の集大成とも言える一冊**になっています。

本書をお読みいただいた皆さんの中で一人でも多くの方が、日常生活でアドラー心理学を実践し、幸せな人生を歩まれることを強く願っています。

ヒューマン・ギルド　岩井俊憲

悩みが消える「勇気」の心理学
アドラー超入門

発行日　2018年　1月　30日　第1刷

Author　永藤かおる
Supervisor　岩井俊憲

Book Designer　【装丁】小口翔平(tobufune)
Illustrator　【装丁】平尾直子
【本文】伊延あづさ　佐藤純(アスラン編集スタジオ)
【マンガ】横ヨウコ

Publication　株式会社ディスカヴァー・トゥエンティワン
〒102-0093　東京都千代田区平河町2-16-1 平河町森タワー11F
TEL　03-3237-8321(代表)
FAX　03-3237-8323
http://www.d21.co.jp

Publisher　干場弓子
Editor　原典宏
編集協力:野村佳代　青木啓輔(アスラン編集スタジオ)

Marketing Group　小田孝文　井筒浩　千葉潤子　飯田智樹　佐藤昌幸　谷口奈緒美　古矢薫　蛯原昇　安永智洋　鍋田匠伴　榊原僚　佐竹祐哉　廣内悠理　梅本翔太　田中姫菜　橋本莉奈　川島理　庄司知世　谷中卓　小田木もも

Productive Group　藤田浩芳　千葉正幸　林秀樹　三谷祐一　大山聡子　大竹朝子　堀部直人　林拓馬　塔下太朗　松石悠　木下智尋　渡辺基志

E-Business Group　松原史与志　中澤泰宏　伊東佑真　牧野類

Global & Public Relations Group　郭迪　田中亜紀　杉田彰子　倉田華　李瑋玲　連苑如

Operations & Accounting Group　山中麻吏　吉澤道子　小関勝則　西川なつか　奥田千晶　池田望　福永友紀

Assistant Staff　俵敬子　町田加奈子　丸山香織　小林里美　井澤徳子　藤井多穂子　藤井かおり　葛目美枝子　伊藤香　常徳すみ　鈴木洋子　内山典子　石橋佐知子　伊藤由美　押切芽生　小川弘代　越野志絵良　林玉緒　小木曽礼丈

Proofreader　鷗来堂
Printing　大日本印刷株式会社

ISBN978-4-7993-2212-3